Gustav A. Zimmermann

Ephesos im ersten christlichen Jahrhundert

Gustav A. Zimmermann

Ephesos im ersten christlichen Jahrhundert

ISBN/EAN: 9783743647695

Hergestellt in Europa, USA, Kanada, Australien, Japan

Cover: Foto ©Thomas Meinert / pixelio.de

Weitere Bücher finden Sie auf **www.hansebooks.com**

EPHESOS

ERSTEN CHRISTLICHEN JAHRHUNDERT

INAUGURAL-DISSERTATION

PHILOSOPHISCHEN FACULTÄT ZU JENA

ZUR

ERLANGUNG DER DOCTORWÜRDE

VORGELEGT

VON

GUSTAV AD. ZIMMERMANN

PASTOR IN CHICAGO.

1874.

Inhalt.

FÜNFTES CAPITEL.

Beilagen.

Einleitung.

Der grossartige Aufschwung in der Erforschung des Orients und seiner alten Culturstaaten hat in neuester Zeit seinen Einfluss auch auf die Geschichtskenntniss der mit Altgriechenland verwachsenen Länder, besonders Kleinasiens, ausgeübt. Wir finden, dass bedeutende Kenner der griechischen Geschichte ihre Aufmerksamkeit jenem merkwürdigen Küstenlande zuwenden, welches uns das interessante Schauspiel einer Begegnung von griechischen und asiatischen Elementen bietet. Es konnte nicht ausbleiben, dass immer mehr zum Bewusstsein kam und noch kommt, wie dort in jenen culturgeschichtlich so hervorragenden Städten viel mehr asiatisches Element einwirkte, als man gewöhnt war anzunehmen. Obschon wir nun noch kein umfassendes Geschichtswerk über Kleinasiens Küstenstädte haben, so bringt doch jedes Jahr neue werthvolle Beiträge zur Kenntniss. Keine Stadt aber hat die Aufmerksamkeit mehr auf sich gezogen wie Ephesos, jene Jahrhunderte hindurch blühende Handelsstadt, welche bei dem mannichfachen Wechsel ihrer politischen Zustände doch stets gleich gross und bedeutungsvoll geblieben ist. Auf ihre Geschichte und Topographie ist in Folge der höchst anerkennenswerthen und erfolgreichen Aufgrabungen, welche der Engländer Wood im Auftrage des Britischen Museums und der Society of dilettanti schon beinahe 15 Jahre lang auf dem ehemaligen ephesinischen Stadtboden veranstaltet hat, neues und überraschendes Licht geworfen worden. Zwar liegen die Massen von ausgegrabenen Säulen, Inschrifttafeln u. dgl. wieder vergraben in den Kellerräumen des britischen Museums, für jeden Gelehrten unzugänglich und ängstlich bewacht, aber Ein Resultat, und vielleicht das Bedeutendste jener Arbeiten, steht über allem Zweifel fest, ich meine die endlich gelungene Auffindung der Ruinen des Artemistempels, womit die Basis gewonnen ist, einen richtigeren Stadtplan zu construiren. Es hat sich herausgestellt, dass das weltberühmte Heiligthum nicht unmittelbar am Hafen der Stadt gelegen hat, sondern weiter hinauf im innersten Winkel der von Bergen begrenzten Uferebene. Die frühere Ansicht basirte bekanntlich auf dem Ausspruche bei Plinius, II, §. 87: mare quondam aedem Dianae alluebat, und wurde wie begreiflich dahin verstanden, das Meer habe die Schwelle des Tempels bespült, also müsse auch da, wo heute das Ufer ist, der Tempel gestanden haben; allein die Untersuchungen an Ort und Stelle haben als unumstössliche Thatsache ergeben, dass in Folge der grossen Alluvion das Terrain heute ein ganz anderes ist, nämlich ein höheres wie ehedem, und dass der Tempel nur durch künstlich angelegte Canäle und Bassins mit dem Meere in Verbindung stand. [1] Die Tempelanlage war ausserhalb der Stadt. Zu diesem Factum treten aber als ein Neues die bis jetzt bekannt gewordenen Inschriften hinzu, welche, wie wir im Laufe unserer Abhandlung sehen werden, auf einen höchst wichtigen Umstand schliessen lassen, dass nämlich zwischen der Priesterschaft und der Stadtbevölkerung Jahrhunderte lang ein Verhältniss gespannter Rivalität bestand, eine Art Kampf zwischen hellenischem Staatswesen und asiatischer Hierarchie. [2]

---

[1] S. über die Topographie Beilage II.

[2] Curtius (Beiträge, p. 5) sagt: attisches Staatswesen; ist doch wohl zu speciell? Allerdings giebt es einen schönen Gegensatz zu

Das Verdienst, besonders diesen letztern Umstand für die Geschichte der Stadt verwerthet und nachgewiesen zu haben, gebührt Professor Ernst Curtius, welcher in seinen „Beiträgen zur Geschichte und Topographie Kleinasiens" [1] und in seinem zu Berlin gehaltenen Vortrage „Ephesos" [2] uns eine Geschichte der Stadt in der älteren Zeit bis hinab zur Regierung Octavian's bietet.

Ephesos ist nun aber auch bedeutungsvoll geworden für die erste Entwicklung und Ausbreitung des Christenthums. Schon der Umstand, dass Paulus es neben Rom zum längsten Aufenthaltsort wählte, beweist, welch eine wichtige Stellung die Stadt einnahm für die neue Religion. Und so muss denn auch in Folge oben erwähnter neuer Entdeckungen unsere Kenntniss des Terrains, wo Paulus gewirkt, der politischen, socialen und religiösen Zustände der Stadt bereichert werden und damit die Grösse der Schwierigkeiten nicht minder als der fördernden Umstände für das auftretende Christenthum in helleres Licht treten. Wir versuchen es daher, ein Bild der Stadt in politischer und culturhistorischer Beziehung während des ersten christlichen Jahrhunderts zu entwerfen, und hoffen um so eher damit einen Beitrag zur neutestamentlichen Zeitgeschichte bieten zu können, weil der letzte uns bekannte Aufsatz über Ephesos in der erwähnten Zeitperiode von Mangold in Schenkel's „Bibel-Lexikon", II, p. 127 f. noch von der jetzt als antiquirt geltenden Annahme der Lage des Tempels am Meere ausgeht, wie schon der beigefügte Stadtplan beweist, also die neuen Aufschlüsse über die Geschichte der Stadt nicht berücksichtigen konnte.

---

asiatischem Priesterthum, aber attisch als artbezeichnend für bürgerfreiheitlich, democratisch, darf doch wohl nicht v o r Solon und den Peisistratiden gebraucht werden.

[1] Abhandlungen der königlichen Academie der Wissenschaften zu Berlin 1872.

[2] Berlin 1874.

Um unsere Aufgabe zu lösen, haben wir zunächst in einem ersten Capitel einen kurzen Rückblick auf die Stadtgeschichte bis in die christliche Zeit, oder genauer bis auf die Zeit des Principates der gens Julia-Claudia zu werfen, d. h. bis 30 a. Chr.; mit diesem tritt nämlich ein neuer Abschnitt der Profangeschichte, eben der von uns zu behandelnde, ein. In einem zweiten Capitel liegt uns dann ob, die politischen Zustände der Stadt von Octavian bis zum Ende des genannten Herrscherhauses, d. h. bis 70 p. Chr., wo wiederum eine neue Wendung der politischen Lage eintritt, in einem dritten die socialen Verhältnisse, in einem vierten die religiösen zu untersuchen. In einem Schlusscapitel endlich soll in kurzen Zügen die Geschichte des Judenthums und Christenthums in der bezeichneten Periode dargestellt werden.

ERSTES CAPITEL.

Geschichte von Ephesos bis auf Octavianus.

(Bis 30 a. Chr.)

Die ältesten Spuren einer Bevölkerung des ephesinischen Landstriches weisen auf die Karer, jenes in den Vorzeiten berühmte See- und Söldnervolk, welches überall im Gefolge der coloniengründenden Phönicier sich findet. Ohne ausdrückliche Bezeugung darf als historisch angenommen werden, dass diese Letztern auf ihren gewappneten Handelsreisen, welche sich über sämmtliche Küstenländer des Mittelländischen Meeres erstreckten, auch jene so vortheilhafte Lage, welche nachmals Ephesos einnahm, nicht unbenutzt gelassen haben, da sie ja das benachbarte Erythrä berührten. Unmöglich konnte ihnen die sicher geborgene Lage der tiefen ephesinischen Bucht entgangen sein, und wir werden somit daselbst, wenn auch zunächst noch keinen Ort, so doch ein Waarendepot uns denken müssen. Einmal bekannt, strömten von Land- und Seeseite Leute herbei, sammelten sich und so entstand die Niederlassung der Semitischen Kaufleute. Diese Uebersiedlung der unternehmungslustigen Phönicier, welche in ihrem kleinen, übervölkerten Mutterlande an keinen Grundbesitz gebunden waren, geschah mit der grössten Leichtigkeit, blieben sie ja auch mit ihrer Heimat in regem Wechselverkehr. An den Göttern derselben hing man mit Pietät, und so gehen wir gewiss nicht fehl, den phönicischen Ansiedlern die Gründung des ersten tempelartigen Heiligthums am Kayster — denn sacra gab es schon vorher — zuzuschreiben. Es galt der grossen Naturgöttin, welche unter dem Symbole des Mondes im ganzen Vorderasien verehrt wurde; sie war ja auch die Beschützerin der Schiffahrt. Jene bekannte Sage, die Amazonen hätten Ephesos gegründet, geht auf die bewaffneten Priesterinnen eben der Göttin zurück.

Von der Landseite mussten die Ansiedler nothwendig mit den Urbewohnern des Hinterlandes in Conflict kommen; eine Uebereinkunft mit ihnen war um so leichter, da Handelsinteressen friedlichen Verkehr anriethen, auch die Uebereinstimmung des Cultus der im Grunde gleichen Göttin solchen beförderte. Die Priesterschaft hatte also die Hauptrolle dabei: sie versöhnte und stellte sich damit an die Spitze der neuen, sich rasch entwickelnden Ortschaft. Der Oberpriester, welchen die stimmberechtigten Priester beriefen, herrschte als Haupt, die Ansiedler bebauten den fruchtbaren Boden für das Heiligthum.

Neuen Zuzug erhielt der Ort durch die herbeikommenden Leleger und besonders die Lydier von Sardis her. So wuchs die Stadt heran, das Tempelasyl ward fortwährend aufgesucht, neue Ankömmlinge als Erweiterung der priesterlichen Herrschaft stets erwünscht. Als einverleibt dem lydischen Staate nahm Ephesos auch Theil an all den Culturelementen, welche dieses merkwürdige alte Reich bot, und hatte fortwährend Fühlung mit den Staaten Asiens bis nach Bactrien hin, deren Einflüsse gewiss nicht unbedeutend waren.

Auf positiveres Gebiet tritt unsere Geschichtskenntniss der Stadt erst in jener Zeit, da die Jonier sich Zutritt verschafften an den Küsten Kleinasiens. Dass Lydien die Mündung der Flüsse und die Niederungen derselben ohne Gebühr oder Leistung den herankommenden Hellenen überlassen hätte, ist nicht anzunehmen, zumal die Auswande-

rung nach Tyrrhenien zeigt, dass die Lydier die Schiffahrt
kannten. Widerstehen konnten sie dem andringenden
Androklos, Sohn des Kodros, mit seinen bewaffneten
Schaaren zuletzt nicht mehr, obschon über 20 Jahre
lang die Abwehr gelang. [1] Dieser langdauernde Kampf
um das herrliche Küstenland beweist, welch eine Macht
damals schon Ephesos war. Nicht nur das Tempelasyl, in
welchem nach Tacitus [2] officiellem Bericht 1) servitia, flüchtige Sklaven in sehr grosser Zahl, 2) obaerati adversus
creditores und 3) suspecti capitalium criminum, Aufnahme
fanden, sondern — und das ist der tiefste Grund des Auf-
blühens von Orten mit Heiligthümern — der sichere
Frieden unter der Tempelmacht, deren Priester als
Stifter und Leiter der geheiligten Stätten Culturträger
waren, Bruchstücke, vorgeschobene Posten eines fremden,
höher gebildeten, asiatischen Volkes repräsentirten; das
ist der Grund der rasch wachsenden Bevölkerung. In dem
Streite haben wir auch den Wahrheitskern jener sagen-
haften Kriege, welche die Athener mit den Amazonen, d. h.
den zahlreichen Tempeldienerinnen, geführt haben sollen,
zu suchen.

Es gehört mit zu den Ergebnissen der neuen Aufgrabungen, dass wir den ersten festen Platz kennen, welchen
die Athener auf ephesinischem Boden gewannen: es ist die
kleine Burghöhe, das sogen. „Paulsgefängniss" [3], von welchem sich heute noch Fundamente finden. Auf die hohe
Wichtigkeit dieser Thatsache für die ephesinische Geschichtskenntniss macht Ernst Curtius aufmerksam, wenn er in
der bereits erwähnten Schrift, S. 13, sagt: „Jetzt war
der Landschaft ein zweiter Mittelpunkt gegeben; jetzt bestand eine Unterstadt neben der Oberstadt, ein Athenaion
neben dem Artemision, eine Colonie von Athenern neben
dem Priesterstaate, und das wechselnde Verhältniss

---

[1] Diod. V, 335. Athenaios VII, 381.   [2] Ann. III, 60.
[3] S. Beilage II.

zwischen diesen beiden Punkten bildet fortan den Inhalt der Geschichte von Ephesos." In der Politik der Priestermacht musste es liegen, diesem gespannten Verhältnisse baldmöglichst ein Ende zu machen, die Athener, oder nach ihrem attischen Heimatsgau Euonymaeer genannt, dem Dienste ihrer Göttin zu gewinnen. Pausanias berichtet denn auch, dass Verträge zwischen den beiden Parteien geschlossen wurden, also die Ordnung des Doppelstaates, der Hierarchie einer-, der Colonie unter den Nachkommen des Androklos andererseits durch religiöse Feier geordnet wurde. Nun nahm die Stadt einen mächtigen Aufschwung, nicht nur dass ihr durch die Karawanenzüge aus dem kleinasiatischen Hinterlande Waaren zugeführt wurden, sie selbst versandte diese wieder in alle möglichen Gegenden. Dieser Verkehr sowie das herrliche Klima, von dem Herodot sagt [1]: dort sei der schönste Himmelsstrich, musste nothwendig Jahr für Jahr neue Colonisten herbeizichen. Es war jene Zeit die erste Blüthezeit nicht nur von Ephesos, sondern von ganz Jonien. Die zwölf jonischen Städte mit gleichen Interessen verbanden sich religiös-politisch in einem gemeinsamen Feste, τὸ Πανιώνιον, welches beim Tempel des Poseidon Heliconius auf dem Vorgebirge Mykale stattfand [2], und wo gemeinschaftliche Angelegenheiten, wie z. B. ob sie sich dem Kyros unterwerfen sollten [3] oder, was sie gegen die Perser unter Xerxes für eine Stellung einnehmen wollten [4], verhandelt wurden. Als bei vermehrter Bevölkerung Ackerbau sie nicht mehr ernähren konnte, da nahm der Handel zu Wasser und zu Land immer ausgedehnteren Umfang an. Die Phönicier wurden verdrängt aus dem Schwarzen Meere wie überhaupt aus dem Osten des Mittelmeeres. Milet, Ephesos traten in die Reihe der ersten Handelsstaaten. Mit dem zurücktretenden Ackerbau musste nothwendig auch eine Aenderung der Verfassung eintreten; die Könige der

---

[1] I, 142. [2] Her. I, 148. [3] Her. I, 170. [4] Her. VI, 7.

Colonien standen nicht so fest wie im Mutterlande, da die historischen Erinnerungen, der alte Grundbesitz des Königs und des Adels fehlten. Als nun gar Handel und Gewerbe sich erhoben, der Reichthum vom Grundbesitz unabhängig dastand, brach die Macht der Könige zusammen und verschwand. So auch in Ephesos. Politische Bewegungen ohne Ende traten bei den, von Natur schon beweglichen Joniern ein; das Ergebniss der Stürme waren Democratien öfters in der Form der Tyrannis, aber ohne Halt. Allerdings erfolgte daraus gewisse Kraftentwickelung, aber auch innere Zerrüttung und Schwäche. Die Stadt selbst aber wurde trotz der Wirren durch jede neue Handelsverbindung bevölkerter und reicher.

Im benachbarten Lydien war unterdessen ein mächtiges Herrscherhaus ans Ruder gekommen, welches nach völliger Unterjochung der bisher ziemlich unabhängigen hellenischen Städte an der Küste strebte. Krösus war nach Her. I, 26 der Erste, welcher die Griechen ungerecht behandelt hat. Als wichtigste Stadt derselben unterwarf er vor Allem Ephesos trotz heftiger Gegenwehr von Seiten der Bürgerschaft, während der Tempelstaat sich willig fügte. Ja, dieser verstand es sogar, zwischen dem Lyderkönig und den Hellenen zu vermitteln [1]; damit wuchs sein Ansehen und Uebermacht. Die feste Stellung auf dem Pion musste von jenen aufgegeben werden, ihre Wohnsitze mussten sie sich beim Tempel in voller Abhängigkeit von ihm anweisen lassen, d. h. dieser war anerkanntes Haupt der Stadt. Die jonischen Städte waren nun politisch mittelbare Unterthanen des lydischen Reiches, durch die Interessen des Handels zudem an dasselbe gebunden und in der äussern Cultur und Kunst Schüler seiner Bewohner. Mit der Oberherrschaft kam aber auch eine bisher fremde Lebensweise nach der Stadt: alle jene Lebenskünste und Genüsse des Orients, jenes Raffinement von Genüssen, wie es uns in

---

[1] Polyaen. VI, 50.

damaliger Zeit entgegentritt, es stammt von den Lydern
ἡ τῶν Λυδῶν τρυφή. Die Gallenwirthschaft im Tempel nahm
überhand, der ganze Dienst wurde vorwiegend asiatisch.
Die äusserlich günstige Lage, welche Ephesos unter
den Lydern eingenommen, setzte sich auch fort unter den
Persern. Die Bedingungen bis auf Artaphernes sind sehr
milde für die jonischen Städte: sie geben keine Grundsteuer. Erst im Jahre 494, d. h. in der Zeit unmittelbar
nach dem Aufstande liess der Satrap die Ländereien, welche
im Besitz der kleinasiatischen Hellenen geblieben waren,
vermessen und bestimmte darnach ihre jährlichen Abgaben,
welche sie bis zu Herodot's Zeit fortentrichteten.[1] Milet,
der Herd des Aufstandes, wurde von den Persern erobert
und besiegelte damit seinen Untergang als Stadt, es wurde
ein offener Ort, κωμηδὸν, vicatim, verwaltet. Ephesos, wo
die persisch gesinnte Priesterschaft die Oberhand hatte,
nahm dem entsprechend eine anti-hellenische Stellung ein;
doch war und blieb die nationale, hellenische Partei, welche
den Zusammenhang mit Athen seit den Perserkriegen aufrecht zu erhalten suchte. Man kann darum kaum mit
Curtius, p. 21, sagen: „Die Stellung des kleinasiatischen
Landes unter attischem Schutze sei den Ephesiern ein
Greuel gewesen", jedenfalls nicht eben der nationalen
Partei. Auch ist desselben Gelehrten Folgerung, p. 21:
„Widerwillig fügten sie sich dem Zwange der attischen
Flottenmacht" etwas willkürlich; denn wenn wie Curtius
selbst erwähnt, die Athener Ephesos „mit überraschend
niedrigem Tribut" bedachten, so schliesst eine unbefangene
Würdigung der Verhältnisse daraus doch eher auf gegen-
seitige φιλία, wie uns ja die ganze griechische Geschichte
lehrt, dass die Griechen den Freund begünstigten, leider
aber nie den Feind durch Milde zu gewinnen suchten.
Mit dem niedrigen Tributsatze wollte Athen also die
nationale Partei in Ephesos unterstützen und an sich

---

[1] Her. VI, 42.

fesseln. Trotzdem aber behielt die persisch gesinnte Priesterpartei die Oberhand und zeigte sich dem Xerxes so ergeben, dass derselbe, während er das milesische und andere Heiligthümer verbrannte, das Artemision schonte [1], ja sogar nach der verlorenen Schlacht bei Salamis seine Kinder dahin in Sicherheit bringen liess. [2] Dass bei solchen Verhältnissen überhaupt der Tempel sich gut stellte, sein Reichthum auch durch gewaltige Schenkungen von Landesfürsten, die wohl eine Art von Zehnten spendeten, wuchs, ist gewiss [3]; das Artemision war damals schon die sicherste Bank in Kleinasien, aus deren Geldgeschäfte die Priester grossartigen Nutzen zogen.

Dieser zweiten Blüthezeit nicht nur in Bezug auf Handel und Reichthum, sondern auch auf Kunst und Wissenschaft folgte jene Zeit, wo die kleinasiatischen Städte unter Athens Hegemonie mit in den unseligen Peloponnesischen Krieg verwickelt wurden. Wie stellte sich Ephesos während dieser tiefbewegten Periode? Es gehörte wie die andern jonischen Städte zur Symmachie Athens, an welches sie eine Jahresabgabe zu entrichten hatten; daneben aber zahlten sie den Tribut an den persischen Grosskönig fort. Ephesos gehörte also auch zur Satrapie Lydien, deren Hauptstadt Sardis durch ihre Nähe den Handel der Kaysterstadt sehr begünstigte. So lange nun Friede zwischen Persien und Athen bestand, waren die handelspolitischen Verhältnisse für dasselbe erwünscht: es zahlt in den athenischen Schatz seinen Beitrag für die Flotte und geniesst Seeschutz, dem Grosskönig in Susa die Recognitionsgebühren und erfreut sich ungestörten Handels wie freier Niederlassung im weiten Reiche. [4] Allein aus dem übermüthigen und schonungslosen Systeme der Athener nach dem Tode ihres grossen Pericles entsprangen Missverhält-

---

[1] Strabo XIV, 634. [2] Herod. VIII, 103. 107. Pseudo Plut. II, 870.
[3] Vgl. Fragm. Nicolai Damasc. 65 ed. Müller, wo berichtet wird, Krösus habe alle Güter des Sadyattes, τοῦ ἐμπόρου πλουσιωτάτου Λυδῶν ὄντος, der Artemis geweiht.
[4] Thuc. VIII, 46.

nisse. Trotz der Reden des gewaltigen Antiphon [1] wurde der Phoros durch Athen gesteigert, die Symmachen immer offenkundiger als Unterthanen behandelt, und man verlangte von ihnen, dass der Tribut an den Grosskönig aufhöre, aber nur um für sich selbst mehr fordern zu dürfen. Je abhängiger dadurch die Stadt von Athen wurde, um so heftiger entbrannte der alte Kampf mit der Priesterschaft, welche engen Anschluss an Persien verlangte; sie arbeitete unermüdlich an der Losreissung von Athen, und nicht ohne Erfolg. Denn die Jonier wünschten selbst aus verschiedenen Gründen Athens Herrschaft abzuschütteln. Einmal litten sie, diese Griechen κατ' ἐξοχήν, an der Selbstsucht, dem Neide, welcher Griechenland überhaupt zu Grunde richtete; obschon ihnen nur durch Centralisation Rettung von Persien war, brachten sie es doch nicht über sich, dass sie als Hellenen einer hellenischen Stadt gehorchen sollten, während sie doch dem Grosskönig willig Gehorsam leisteten! Zum Andern erwarteten sie von Athen gemäss der Phoros-Erhöhung auch grössere Vortheile, und zwar wesentliche, handgreifliche, so zu sagen populäre Vortheile. Die Erhöhung der Abgaben drückte die jonischen Kaufleute, deren Reichthum in den zwei Decennien 450—430 unstreitig enorm zugenommen, nicht besonders, aber ihr Interesse verlangte eine bündige Zusicherung des Bleibens im Abgabesatz, damit ihre Berechnungen nicht gestört wurden; überhaupt waren sie gegen Handelsbeeinträchtigungen und Gewerbseinschränkungen. Vortheile aber bot Athen nicht; so lockerte sich denn das Bundesverhältniss bald. Thucydides deutet dies an, wenn er sagt [2]: Die Athener nach dem sikelischen Unglücke μάλιστα τὰ τῶν ξυμμάχων διασκοποῦντες, ὅπως μὴ σφῶν ἀποστήσονται. Damit ist verbürgt, dass zu der Zeit Athen mit den Ephesiern, Milesiern auf dem Fusse des Argwohns lebte. So war denn die Folge dieser ausserordentlichen Kriegssteuern, welche unwillig geleistet

---

[1] Thuc. VIII, 68. Cic. Brut. XII. Quinct. III, 1, 10.   [2] VIII. 4.

wurden, Hass gegen Athen, genährt durch die aristocratische Partei, welche zeigen konnte, wie der Grosskönig als conservative Macht sich durch formale Ehrenbezeugungen gewinnen und an dem Tribut der Städte genügen lässt. Und so hart es Athen traf, da ja die jonischen Städte den Unterhalt seiner Flotte allein ermöglichten, es musste Jonien verlieren: Ephesos wurde ein Hauptpunkt der Persermacht, nachdem es zuvor auf kurze Zeit mit Sparta, das Bundesgenossen ohne Phorosleistung suchte, in Verbindung gestanden. [1] Dieses hatte 411 mit Tissaphernes in Milet einen Vertrag abgeschlossen, [2] wurde aber trotzdem 410 von der athenischen Flotte bei Kyzikos geschlagen. Jetzt war für Athen die Zeit gekommen, Jonien wieder zu gewinnen, wenn es liberal und billig sich zeigte, aber Steuererleichterung erfolgte nicht, sondern am Seethurm Chrysopolis, den jetzigen Dardanellen, erhob es von den Kauffahrteischiffen aus dem Schwarzen Meere Zoll, was die jonischen Städte empfindlich traf. So war und blieb Kyzikos der letzte Sonnenschein über Athen; Thrasyllos suchte zwar an der asiatischen Küste Rückeroberungen zu machen, allein diese athenischen Anstrengungen waren umsonst. Der Angriff auf Ephesos wurde abgeschlagen, da Tissaphernes „der Artemis zu Hülfe" kam und siegte; wie erwünscht dies den Ephesiern war, zeigt der Umstand, dass sie zu Ehren des Sieges ein Denkmal setzen liessen. Als Sparta unter Lysander mit dem jüngern Kyros in Verbindung trat, spielte Ephesos die Hauptrolle dabei unter allen Städten. Hier schlug Lysander sein Hauptquartier auf, hier fand Bundesversammlung [3] statt, wobei die Stadt sich eifrig für Sparta-Persien zeigte, um so mehr, weil auch das mit ihr in Handelsverbindungen stehende Sardis durch den Aufenthalt und die Machtentfaltung des Kyros daselbst an Reichthum gewann; Alles geschah natürlich aus Eifersucht gegen Athens Handel. Es folgt die verhängnissvolle Schlacht bei

---

[1] Thuc. VIII, 18. 37. [2] Thuc. VIII, 58. [3] Xen. Hell. II, 1. 14.

Aigos Potamoi, der Triumph des peloponnesischen Bundes,
der Perser und der jonischen Städte, für Ephesos der
Triumph seiner asiatischen Artemis über die national-helle-
nische Athene. Persien ist nun vollständig Herr über Jonien; zwar fielen die Städte dem mit Sparta in Verbindung
stehenden, aufrührerischen Kyros zu, aber mit seinem Tode
hatte Sparta auch an Macht verloren, und nach dem Schei-
tern der Züge unter Thimbron-Agesilaus gab es vertrags-
mässig dem Grosskönige die kleinasiatischen Hellenen preis. [1]
Doch die national-gesinnten Democraten in Ephesos
ruhten nicht gegenüber der immer mehr zunehmenden Ver-
asiatisirung: sie wandten sich an die einzige Macht, welche
noch Hülfe versprechen konnte, an Philipp von Macedonien,
der Attalos und Parmenion absendet. [2] Allein erst durch
Alexander gewann ihre Partei wieder freiern Spielraum.
Dieser, treu seiner ausgesprochenen Tendenz, Rächer Grie-
chenlands an Persien zu sein, musste die jonischen Städte
vom persischen Drucke, der alles nationale Leben ver-
kümmerte, befreien. So war ihm in Ephesos seine Aufgabe
bereits vorgezeichnet: es galt Einschränkung des Herdes
der persischen Partei, des Tempels mit seiner Priesterschaft. [3] Zwar lag es andrerseits in seinem eigenen Interesse diesem hoch bedeutenden Heiligthume Ehre zu erweisen, was er denn auch dadurch bewies, dass er mit dem
ganzen Heere in voller Rüstung der Artemis grossartige,

---

[1] Xen. Hell. V, 1, 25—28: der antalcidische Friede. In Hellas
selbst sagt der laconisirende Xenophon, wie ungerecht die Spartaner
gehandelt, und Isocrates Panegyricus 65, § 117 bemerkt insbesondere
die üble Lage der klein-asiatischen Städte, welche früher durch die
Seemacht Athens bis auf einen gewissen Punkt Schutz genossen hatten,
wenn er sagt: „Soweit sind die hellenischen Staaten von der Freiheit
und Selbstbestimmung entfernt, dass die Einen unter Tyrannen stehen,
Andere aber Harmosten gehorchen, Einige aber in gänzlichen Verfall
kamen, nämlich die, über welche die Barbaren die Herrschaft besitzen",
nämlich eben die jonischen Städte; vgl. auch Isocr. de pace, p. 179,
§ 97—101.
[2] Diod. XVI 91. [3] Curt. Ruf. II, 6. 31—36.

feierliche Opfer brachte und die Bestimmung traf, der bisher an den Grosskönig bezahlte Tribut solle nunmehr in die Tempelkasse fliessen [1], aber wie überall in Kleinasien stellte er die alten, nationalen Formen her und zog eine „neue Gränzmauer, die unklaren Verhältnisse zwischen weltlicher und priesterlicher Machtsphäre ins Klare zu bringen", mit der zweiten Bestimmnng, „dass die Gelder im Tempel als Depositum zu betrachten seien, an dessen Verwaltung die städtischen Behörden betheiligt sein sollten". [2] Was er so auf der einen Seite der Stadt an Macht gab, dafür büsste sie andererseits viel ein; denn er bildete eine Militär- und Civilverwaltung ganz verschiedener Art, als die Persische gewesen war. Die Städte kamen in wirkliche Unterthänigkeit, litten an argen Gelderpressungen, während die Perser vorgefundene Verwaltungsformen, bes. solche Priesterreiche wie Ephesos, hatten bestehen und sich an gewissen Diensten und Lieferungen genügen lassen.

Mit Alexanders plötzlichem Tode 323 trat eine tiefbewegte Zeit ein. Antigonus, welcher Lydien besetzte, παρέλαβε Ἔφεσον ἐξ ἐφόδου, συνεργησάντων αὐτῷ τινων ἐκ τῆς πόλεως, wie Diodor [3] sagt. Diese τινές ἐκ τῆς πόλεως sind wie kaum zu bezweifeln, die Demokratischen, welche eben im Sohne des Antigonus, in Demetrius Poliorketes ihr Haupt sahen. Aber bald darnach gelang es seinem Gegner Lysimachus, ihn aus dem Besitze der Stadt zu verdrängen; wirklich unterwarf und versah er sie mit einer Besatzung. [4] Nicht lange jedoch, so bemächtigte sich der unternehmende, fast immer glückliche Stösse führende Demetrius wieder derselben und erklärte sie für frei, d. h. er setzte an Stelle der von seinem Vorgänger angeordneten Oligarchenherrschaft die democratische Regierung ein. Lysimachus seinerseits liess von der reichen Stadt nicht ab; zwar gelang es ihm lange nicht, Demetrius zu überwältigen, [5] allein in Folge

---

[1] Arrian I, 17. 12. [2] Curtius, Beiträge, p. 23. [3] XVIII, 52. [4] Diod. XX, 107. 111. [5] Plut. Dem. 30. 31. Polyaen. IV, 7.

seines Bundes mit Ptolemäus I., dessen Tochter Arsinoe er
auch nach Verstossung seiner Gemahlin Amastris heirathete,
wurde er seinen Feinden gewachsen und eroberte Ephesos.
Um es nun an sich zu fesseln, begünstigte er es ausserordentlich und traf Massregeln, welche für die Ephesier
von grosser Wichtigkeit waren. Er stellte sich auf die
Seite der Bürgerschaft; und geneigter konnte er sich diese
nicht machen als dadurch, dass er einen Theil der Stadt
auf der dem Tempel gegenüberliegenden Höhe, dem Pion,
anbaute und mit festen Mauern umgab [1], nachdem er durch
Verstopfung der Cloaken die Ueberschwemmung in den
niedrig gelegenen Umgebungen sehr schlimm gemacht. Auf
diese Weise brach er den heftigen Widerstand der Priesterschaft und ihres grossen Anhanges gegen seine Massregeln.
Seiner zweiten Gemahlin zu Ehren taufte er die Stadt um
in Arsinoe, ein Name, der indess nicht haftete und bald
verschwand,[2] und, um ihr grössere Ausdehnung und Bevölkerung zu geben, siedelte er die Bewohner der von ihm
zerstörten Städte Lebedos und Kolophon in ihr an.[3] Auch
in der Verfassung traf er Aenderungen, indem er einen Senat aus Aristocraten bestehend anordnete.[4] Als er 281 bei
Curupedion von Seleucus geschlagen und getödtet worden,
verblieb Arsinoe noch in ihrem Ephesos, bis sie fliehen
musste.[5]

Mit Seleucus kam nunmehr die Stadt unter die Herrschaft des syrischen Zweiges der Diadochen, doch rissen
abwechslungsweise die Ptolemäer sie wie auch andre klein-
asiatische Landschaften an sich. Ueberhaupt sehen wir
sie ähnlich den übrigen jonischen Grossstädten in der folgenden Periode bald frei, bald unter syrischen Statthaltern,
bald auch als Residenz der syrischen Könige, andererseits

---

[1] Von diesen Mauern sind heute noch die Ueberreste zu sehen,
s. Curtius, a. a. O., p. 24—26, und Beilage II.
[2] Steph. Byz. s. voce.   [3] Paus. I, 9. 7.   [4] Strabo XIV, 640.   [5] Polyaen. VIII, 57.

finden wir auch etwa aegyptische Besatzungen in ihr. Was ihre Stellung anbetrifft, so war sie auf Seite der syrischen Herrscher, sobald der Handel aus dem Innern über Sardis ihr zukam; mehr aber noch neigte sie sich auf die Aegyptens, des damals reichsten und blühendsten Landes, welches durch Seefahrt, durch Handel und Industrie, durch Landbau und Zucht edler Thiere an der Spitze des Verkehrs in jenen Jahrhunderten stand. Die Ephesier als kluge, unternehmende Handelsleute verstanden es, sich stets zu ihrem Vortheil zu stellen, wenn sie gleich auch oft verwickelt wurden in die politischen Wirren, in die Kämpfe der einzelnen Dynastien; ihren Glanz, sowie die Grundfesten ihrer Verfassung bewahrte die Stadt mitten unter all den Stürmen und schwang sich immer mehr hinauf zur grössten Handelsstadt in Kleinasien, war sie doch Stapelplatz für diejenigen Waaren, welche aus Unteritalien und dem eigentlichen Griechenland, aus dem Norden der Hellenen, aus Thracien und dem Schwarzen Meere, und für die, welche aus Aegypten und Cyrene kamen. Wie sich die innern Verhältnisse damals gestalteten, welche Partei, ob die priesterlich-aristocratische oder die hellenisch-democratische die Oberhand hatte, wissen wir nicht, doch gehen wir wohl nicht fehl, anzunehmen, dass letztere vorherrschte.

Zu dieser Glanzesstellung verhalf ihr aber besonders Antiochus III (seit 224). Denn im Jahre 196 machte er sie zu seinem festen Operationspunkte, von dem aus er die kleinasiatischen civitates wieder in das gleiche Verhältniss der Abhängigkeit zu bringen suchte, worin sie zur Zeit des Seleucus Nicator gestanden hatten.[1] So sandte er aus diesem Hauptquartiere Truppen zur Belagerung von Smyrna und Lampsacus, welche auf die Hülfe der Römer bauend widerstanden. Dass er gerade Ephesos zu seinem Aufenthaltsorte machte, that er, weil er mit Scharfblick die so sichere Lage der Stadt erkannte. Das Fragment von

---

[1] Liv. XXXIII, 38.

Polybios [1] deutet dies an, wenn es uns das höchst schlagende Urtheil über sie aufbewahrt: Ἀντίοχος ὁ βασιλεὺς πάνυ ὠρέγετο τῆς Ἐφέσου διὰ τὴν εὐκαιρίαν τῷ δοκεῖν μὲν κατὰ Ἰωνίας καὶ τῶν ἐφ᾽ Ἑλλησπόντου πόλεων καὶ κατὰ γῆν καὶ κατὰ θάλασσαν, ἀκροπόλεως ἔχειν θέσιν, κατὰ δὲ τῆς Εὐρώπης ἀμυντήριον ὑπάρχειν ἀεὶ τοῖς Ἀσίας βασιλεῦσιν εὐκαιρότατον. Von hier aus brach er mit der Flotte auf, um das von den Thrakern zerstörte Lysimachia wiederherzustellen. Bei dieser Operation hatte er die Zusammenkunft mit den Staatscommissaren Roms für griechich-asiatische Angelegenheiten, zehn Senatoren und dem Gesandten dieses Volks, welches in Asien begann, festen Fuss zu fassen; in des letztern Namen verlangte Quinctius Flamininus, er solle sämmtliche Städte in Asia minor räumen, welche einst den Aegyptern zugestanden hatten, denn Rom verlange et in pace et in libertate esse debere omnes ubique Graeciae urbes [2], also auch unser Ephesos. Damit schon eröffnete sich für dieses die Aussicht auf einen neuen Oberherrn, dem es nur zu bald anheimfallen sollte. Antiochus gab zwar die Sache nicht so schnell auf, sondern machte Ephesos zur Hauptstadt und Mittelpunkt seiner kriegerischen Vorbereitungen. Darum blieb dort Hannibal, der als Stratege und Tactiker wie als Organisator eines Heeres unvergleichliche Punier in umfassender Thätigkeit, auch als Antiochus sich nach Griechenland begab, um den zu ihm abgefallenen Aetoliern gegen die Römer zu helfen. Und als dieser besiegt sich nach Asien zurückzog, suchte er sobald als möglich den strategisch wichtigen Mittelpunct seiner kriegerischen Hülfsmittel zu erreichen, nämlich Ephesos. Sein Geschwader zog sich ebenfalls in dessen sichern Hafen vor der unter dem Practor C. Livius heransegelnden Flotte zurück. Bei dem Wogen dieses Kampfes hatten die Bewohner Parteiung gemacht, der Demos für Antiochus, die Ἄριστοι und wahrscheinlich mit ihnen die Artemis-Priester für Rom, beide

---

[1] XVIII, 32. [2] Liv. XXXIII, 34.

für fremde Potenzen. Mit der Niederlage der Seleuciden war ihr Schicksal entschieden: sie wurden Unterthanen des von den Römern begünstigten Eumenes von Pergamum. Dass sich die Stadt auch unter dieser neuen Herrschaft äusserst gut stellte, ist gewiss, beförderte doch Pergamums reicher Herrscher Handel und Wissenschaft, wie ja überhaupt dieses Reich als ein Glanzpunkt in dem hellenischen Staatenkreise jener Zeit dasteht. Die Küstenstädte hatten eine freie Verfassung und bezahlten ihm jährlich eine bestimmte Abgabe. Besonders aber nahm sich Attalus II. Philadelphus der Kaysterstadt an. Er veranstaltete einen neuen Hafenbau [1], der aber nicht den gewünschten Erfolg hatte, sondern nur noch mehr beförderte, dass der Fluss Schlamm zurückliess, während die Fluth diesen in früherer Zeit mehr verspülte. Ob der Bau später wieder geändert wurde, darüber verlautet nichts; immerhin aber blieb Ephesos nach wie vor bedeutend, ja sein Handel hat wohl kaum eine grossartigere Zeit gesehen als eben jene, und sein Reichthum wuchs ins Unermessliche. Als daher Attalus III. sein Reich an die Römer vermachte, da eröffnete sich der Habsucht ihrer Beamten und der Landplage der Ritter ein enormes Feld. Die Stadt wie die ganze Provinz Asien wurde gedrückt und gebrandschatzt, so dass Mithridates von Pontus, welcher ein grosses unabhängiges Reich gründen wollte und Rom den Krieg erklärte, in Ephesos nicht nur die Priesterschaft, welche durch ihn zu ihrer frühern Machtstellung zu gelangen hoffte, sondern auch die ganze Bürgerschaft, welche von Hass gegen die römischen Blutsauger erfüllt war, gewinnen konnte. Ja der pontische Fürst verstand es, trotzdem er das Weichbild des Artemisions nur wenig erweiterte [2], alle Bewohner so zu entflammen, dass sie sich, als jenes furchtbare Blutbad erfolgte, durch ihre Wuth besonders auszeichneten und sogar, wie Appian berichtet, die vorhandenen Weihgeschenke und Statuen der

---

[1] Strabo XIV, 641. [2] Strabo XIV, 641. Curtius, a. a. O., p. 26.

2*

Römer zertrümmerten oder doch beschimpften. Um so
schwerer war aber die Strafe; Sulla rächte Rom furchtbar.
Ephesos, so wird ausdrücklich gemeldet, wurde am härte-
sten bestraft [1] und verfiel nun gänzlich der systematischen
Räuberei und dem Zinswucher römischer Zollpächter, Statthalter und Senatoren. Der Verkehr fing an zu stocken, da
alles Gewerbe, Handel, Wohlstand von jenen Capitalisten,
welche die Zölle pachteten, Bauten unternahmen u. s. w. [2],
abhing und sich Stadt und Land in Schulden stürzten, deren
Tilgung nie zu erhoffen stand. Zu dieser drückenden Lage
kam nun noch, dass Antonius, welcher gerne Herrscher des
Orients gewesen wäre, wie Kleopatra seine Semiramis-
Gemahlin, für diesen Plan Stützen suchte an der Priesterschaft, ihr daher so viel als möglich Macht einräumte. Er
erweiterte denn auch das Gebiet des Artemisions um das
Doppelte, so dass wieder „ein Theil der Stadt innerhalb des
Peribolos, der Umfassungsmauer, war. Mitten in den
Strassen waren die Gränzsteine, welche die städtischen
Gerichts- und Verwaltungsbehörden nicht überschreiten
durften. Die Ausdehnung des Asyls musste zu den grössten
Missständen Anlass geben." [3] So lässt es sich denn nicht
anders erwarten, als dass Ephesos den Wunsch der römischen Provinzen nach einer festen einheitlichen Regierung
des Reiches, welche Schutz gewährte gegen die Habsucht
der Beamten und Handelsgesellschaften, aber auch bessere
Verfassungszustände erwarten liess, theilte. Und in der
That finden wir, dass Octavian den Uebelständen in der
Stadt ein Ende machte. Doch damit sind wir am eigentlichen Anfangspuncte unserer Untersuchung angelangt und
gehen daher über zum zweiten Capitel.

---

[1] App. Bell. Mithr. c. 61—63. [2] Plut. Luc. c. 20. [3] Curtius,
a. a. O., p. 27.

ZWEITES CAPITEL.

Der politische Zustand von Ephesos unter dem Principate der gens Julia-Claudia.

(30 a. Chr. — 70 p. Chr.)

---

§ 1. Die politische Verfassung.

Bevor wir die städtische Verfassung, so weit sie aus den zerstreuten und spärlichen Nachrichten bekannt ist, darzustellen versuchen, haben wir zu sehen, welch eine Stellung die Stadt während des oben angegebenen Zeitraumes im Römischen Reiche einnahm.

a. Ephesos war die Hauptstadt der Provinz Asia, welche im Jahre 133 a. Chr. von Attalus III., König von Pergamum, den Römern testamentarisch vermacht worden war, und 129 durch M'Aquilius constituirt wurde. In Folge der Kriege jedoch, deren Schauplatz sie in der darauffolgenden Zeit wurde, erlitt sie noch manche Veränderung. Erst Octavian gab ihr eine Constitution, welche bis ins 6. christl. Jahrh. blieb. Durch ihn war die Regierung in Eine Hand gekommen, hiemit alle Beamten, welche bis dahin nach Gutdünken geschaltet, unter Controle gestellt. Gerade hier zeigte sich, in wie guter Lage sich alle Provincialen unter ihm befanden, wussten sie doch jetzt, wo Schutz gegen die Bedrückungen, wo Hülfe in Zeiten der Noth zu suchen sei, nahm er doch Appellationen und Beschwerden derselben meist selbst an. Im Jahre 27 a. Chr. ordnete er die Provinz in die Reihe der Senatsprovinzen ein, deren Statthalter ein Consular sein musste. Als Hauptstadt dieser Asia proconsularis führte Ephesos den glänzenden Titel ἡ πρώτη καὶ μεγίστη μητρόπολις τῆς Ἀσίας und war Residenz des Statthalters wie der übrigen römischen Beamten. Octavian adoptirte die sullanische Constitution der Provinz mit wenigen Veränderungen, sodass also der Proconsul auf ein Jahr gewählt wurde; zwischen dieser Stellung und der Verwaltung seines Consulats mussten fünf Jahre liegen, welche Zahl von Kaiser Tiberius auf zehn und dreizehn verlängert wurde. Octavian bestimmte ferner, dass derselbe wie alle römischen Beamten einen fixen Gehalt erhielt; damit war den Bedrückungen wirksam vorgebeugt. Seine Verwaltung trat er im Monat Juli an, indem durch Tiberius die Abreise von Rom auf den 1. Juni angesetzt war[1], und musste zuerst Ephesos betreten[2], weshalb auf Münzen oft die Inschrift Ἐφεσίων κατάπλους vorkommt. In seinem· Gefolge waren drei legati[3], welche in gewissen Fällen seine Stelle vertraten, Jurisdiction in Civilsachen ausübten; sodann ein quaestor, welcher zu Rom die Kasse für die Verwaltung der Provinz erhielt, um daraus den Unterhalt sämmtlicher römischer Beamten daselbst zu bestreiten, sowie die Abgaben der Provincialen einzunehmen; endlich eine ziemliche Anzahl comites, meist junge Leute aus den vornehmeren Kreisen, welche den Staatsdienst wollten kennen lernen und sowohl an den Verwaltungsgeschäften als an dem Gerichte theilnahmen. Zu seiner Verfügung hatte der Proconsul Truppen und Schiffe, zu seiner Bedienung eine Menge Freigelassener und Sclaven.

Ephesos nun war Residenz des Statthalters, ferner Gerichtsort conventus juridicus[4], sowie Prägeort der Landes-

---

[1] Dio Cass. 57, 14. [2] καὶ τῶν μητροπόλεων Ἔφεσον primam attingere. [3] pro praetore. [4] Jos. Ant. XIV, 6. 7: δικαιοδοτοῦντί μοι sc. Ἀντωνίῳ ἐν Ἐφέσῳ.

münzen, Cistophoren genannt. In ihr versammelte sich τὸ κοινὸν τῆς Ἀσίας, der Landtag, jedes Jahr einmal, von Delegaten, σύνεδροι, beschickt. Sein Character war ein doppelter, einmal war es eine religiöse Festversammlung, deren Mittelpunkt der Cultus des römischen Kaisers bildete, sodann eine politische Zusammenkunft. Mit der letztern haben wir es hier zu thun, während erstere in Cap. IV, § 3 bei Anlass des Kaisercultus wird behandelt werden. Dieses κοινόν war es, wo die bereits oben erwähnten wohlthätigen Einrichtungen Octavians zur Geltung kamen. Denn hier konnten die Provincialen ihre Beschlüsse fassen in Betreff der abgehenden römischen Beamten; hier wurde, wenn dieselben sich hatten Bedrückungen zu Schulden kommen lassen, die Beschwerdeschrift an den Kaiser abgefasst, auch Gesandtschaften an ihn abgeordnet sowie ein Dankesvotum beschlossen, wenn der Proconsul sein Amt zur Zufriedenheit verwaltet hatte. Diese Einrichtung war ohne allen Zweifel von der weitgreifendsten Bedeutung, es wurde damit eine Gleichstellung der Provincialen mit den Römern angebahnt, welche mit dem bisherigen gedrückten Unterthanenverhältnisse in wohlthuendstem Contraste stand. Tiberius, der überhaupt eine ausgezeichnete Verwaltung der Provinzen streng aufrecht hielt, erleichterte noch das Verfahren zur Beschwerdeführung [1]; und auch die späteren Kaiser behielten die Einrichtung bei.

Unter den Städten des römischen Reiches nahm Ephesos den Rang einer „freien Stadt" ein. Sie hatte das privilegium libertatis, die αὐτονομία erhalten wegen bewährter Treue gegen das römische Volk. Marquardt [2] unterscheidet in seiner gründlichen Auseinandersetzung über den Begriff dieser libertas: civitates foederatae und civitates sine foedere immunes et liberae. [3] Ephesos gehörte zur letzteren Classe, was schon daraus erhellt, dass es ἰδίοις νόμοις χρῆσθαι,

[1] Tac. Ann. XV, 21.   [2] Röm. Staatsverwaltung I, 189. f. 1873.
[3] Nach Cic. Verr. II, 3, 6. 13.

diesen Hauptbestandtheil der Autonomie für sich in Anspruch nehmen konnte. Doch wir haben hiefür ein ganz
directes Zeugniss. Die Stadt liess nämlich eine Gedenktafel
zum Dank dafür in Rom aufstellen, welche jetzt im vati-
canischen Museum sich befindet. Die Inschrift lautet nach
dem C. I. L.[1] durch Mommsen restituirt:

Populus Ephesiu	s populum Romanum
Salutis ergo quod o	ptinuit majorem
Squom Leibertatem si	bi restituit
Legatei Heraclitus II	. . . . . filius
Hermocrates Demet	ri filius.

Böckh[2] bezieht folgende griechische Inschrift auf denselben
Anlass und hält sie geradezu für die der lateinischen entsprechende: ὁ δῆμος ὁ . . . . . . ὧν εὐεργετηθεὶς τὰ μέγιστα ὑπὸ τοῦ
δήμου τῶν ʽΡωμαίων ἑαυτῷ φίλου ὄντος καὶ συμμάχου χαριστήρια
Διὶ Καπετωλίῳ καὶ τῷ δήμῳ τῷ ʽΡωμαίων πρεσβευσάντων Βακχίου
τοῦ Λαμπρίου τοῦ δεῖνος τοῦ Διονυσίου, Φαίδρου τοῦ Παυσανίου.
Als freie Stadt hatte nun also Ephesos das Recht legibus suis uti, d. h. es wurde von den Römern so viel von
der alten Verfassung der Stadt gelassen, als der von ihnen
gegebenen Constitution (lex) nicht zuwiderlief. Sie durfte
also ihre Communalangelegenheiten durch einheimische Behörden verwalten, hatte eigene Gerichtsbarkeit, Freiheit
von römischer Besatzung, von römischer Grundsteuer, das
Recht Zölle zu erheben, ausgenommen von den Römern,
sowie Münzen zu schlagen. Marquardt[3] meint freilich,
„dass alle diese freien Städte immer in Gefahr waren, der
Freiheit verlustig zu gehen, weshalb sie sich selten darauf
beriefen“, allein wir möchten diese Behauptung doch bezweifeln, einmal weil, wenn ihre Freiheit unsicher, sie Gelegenheit und Antrieb hatten, dieselbe oft und an vielen öffentlichen Orten zu erwähnen, sodann, weil uns nicht nur der
Schluss, sondern der Grundgedanke unrichtig zu sein scheint,

---

[1] I, n. 588. [2] C. I. Gr. n. 5881. [3] a. a. O.

denn die öffentlichen wie die privaten Verhältnisse standen in der Kaiserzeit ziemlich fest.

b. Um nun näher auf die städtische Verfassung einzugehen, so war Ephesos wie überhaupt die griechischen Städte in Phylen eingetheilt. Die Zahl derselben wurde bis vor Kurzem als fünf angenommen, allein eine lateinisch-griechische Inschrift, welche C. Curtius im Hermes IV, p. 218 f. zuerst veröffentlichte nach dem Original im Britischen Museum, bezeugt ausdrücklich, dass deren sechs in Ephesos sex phylais. Die bisher bekannten fünf Phylen waren: die der Bennaii Βενναῖοι [1], der Ephesier im engern Sinne (der alte Landes-Adel), die der aus Attica unter Androklos eingewanderten Εὐώνυμοι (der neue attische Adel), die der Τήιοι und die der Καργηναῖοι; der Name der sechsten Phyle ist unbekannt, ihr Ursprung aber ist von C. Curtius ohne Zweifel richtig bezeichnet worden, wenn derselbe die Vermehrung auf jene pag. 16 erwähnte Ueberführung der Lebeder und Kolophonier nach Ephesos durch Lysimachus 295 a. Chr. bezieht.

Die Phylen selbst zerfielen wieder in χιλιαστύες, je 1000 Familien, wie aus dem Volksbeschluss gegen Mithridates hervorgeht, welchen Le Bas [2] publicirt. Die hieher gehörende Stelle lautet: εἶναι δὲ καὶ τοὺς ἰσοτελεῖς καὶ παροίκους καὶ ἱεροὺς καὶ ἐξελευθέρους καὶ ξένους, ὅσοι ἀναλάβωσιν τὰ ὅπλα καὶ πρὸς τοὺς ἡγεμόνας ἀπογράψωνται, πάντας πολίτας ἐφ' ἴσῃ καὶ ὁμοίᾳ, ὧν καὶ τὰ ὀνόματα διασαφησάτωσαν οἱ ἡγεμόνες τοῖς προέδροις καὶ τῷ γραμματεῖ τῆς βουλῆς, οἳ καὶ ἐπιπληρωσάτωσαν αὐτοὺς εἰς φύλας καὶ χιλιαστύς.

c. Die Volksversammlung, ἐκκλησία, repräsentirte früher, d. h. vor der Römerherrschaft, das souveräne Volk; seit dieser, welche alle Democratien in Timocratien zu verwandeln pflegte, waren in der Ecclesie nur die besitzenden Bürger stimmberechtigt, sie allein wählbar und wahlfähig,

---

[1] Ansiedler aus Thracien. Steph. Byz. s. voce.
[2] Voyage archéologique Nr. 136. a. Z. 43—47.

sic bildeten den Stand der possessores, der activen Bürger gegenüber der nicht unbedeutenden Menge der Besitzlosen, der „παροίχους καὶ ἱεροὺς (niederes Tempelpersonal) καὶ ἐξελευθέρους καὶ ξένους", wie sie oben bezeichnet sind, wozu noch die Privat- wie Staatssclaven (δημόσιοι) kommen. Ueber die Competenz der Versammlung wissen wir aus unserer Zeit wenig. Neben der Macht, die von der βουλή (s. u.) vorgeschlagenen Gesetze anzunehmen oder zu verwerfen, hatte sie auch Theil an der Jurisdiction. Wenigstens lesen wir bei dem, allerdings späteren, Tatius [1] von seinem Romanhelden ἐδεδίει γὰρ τὴν πόλιν· καὶ γὰρ ἄλλον ἄρχοντα πρὸ αὐτοῦ ληφθέντα τοιαύτην ἐργασάμενον φαρμακείαν ἀποθανεῖν, wonach also das Volk selbst, natürlich in der ἐκκλησία, den ἄρχων zum Tode verurtheilt hatte.

d. Die oberste Behörde war der Rath, der jährlich wechselnde, aus den sechs Phylen gewählte Ausschuss, die βουλή. [2] Die Mitglieder hiessen βουλευταί und bildeten die täglich wirkende, berathende Vollziehungsbehörde. Neben derselben bestand als zweite Corporation die γερουσία. [3] Curtius hält sie nach Böckh für einen mit besondern Vollmachten ausgerüsteten Ausschuss der βουλή, meist bejahrtere Männer, γέροντες, welche längere Zeit dem Rath angehört hatten; und, wenn ferner in denselben Inschriften noch ein συνέδριον bezeugt ist, so ist dieses nach ihm identisch mit γερουσία, welche Ansicht gestützt wird mit C. I. Gr. 3281, wo es von Smyrna heisst: συνέδριον τῶν ἐν Σμύρνῃ γερόντων. Allein uns will diese ganze Auseinandersetzung von Curtius nicht als die richtige erscheinen; vielmehr denken wir uns die Verfassung folgendermassen. Neben der ἐκκλησία bestanden zwei Behörden, einmal die βουλή, dann die γερουσία. Was die letztere betrifft, so ist sie nach Curtius richtig als identisch mit συνέδριον zu fassen und

---

[1] Erot. VIII, 1. [2] Jos. Ant. XIV, 10. 12 u. ö.
[3] Vgl. die Inschriften im Hermes IV, 178—181: τῇ βουλῇ ὁμοίως καὶ τῇ γερουσίᾳ; p. 197—200; p. 206 und p. 209—210.

wurde wohl so genannt, wenn sie in Sitzung war. Den
Begriff der Jonier aber von dem Synedrium ersehen wir
am Besten aus einer Stelle bei Strabo [1], wo er von der
Verfassung der Massalioten spricht. Sie waren eine Apoikia
der Phocäer, also ächter Jonier, und hatten nach ihm eine
aristokratische Verfassung, welche die gesetzlichste ist.
Nach dieser Porträtirung fährt er gleich fort vom Synedrium
zu sprechen, welches aus 600 Mitgliedern bestehe. Offen-
bar liegt in der Aufeinanderfolge der Sätze der Gedanke
ausgesprochen: in dieser Verfassung ist die wichtigste Behörde, τὸ συνέδριον; dieses besteht aus 600 Mitgliedern,
welche ächt jonisch τιμοῦχοι heissen; den Timuchi stehen
15 Männer vor, und den Vorsitz, das eigentliche Präsidium,
haben drei Männer. Darnach ist also das Synedrium bei
den Joniern stets die zahlreichste, oberste Behörde, und
da es identisch mit γερουσία ist, so kann diese also nach
Strabo's Angabe nicht nur ein Ausschuss der βουλή sein,
sondern ist eine selbständige Behörde, gross an Mitglieder-
zahl, und zu vergleichen dem „grossen Rath" in den
Schweizerverfassungen, welcher ebenfalls zahlreich ist und
zwischen der Ecclesia und der Boule steht. Die βουλή sodann ist die berathende, für die ἐκκλησία vorberathende,
aber nicht gesetzgebende Vollziehungsbehörde, ganz nach
attischem Sprachgebrauche, zu vergleichen dem schweize-
rischen „kleinen Rath" oder „Stadtrath". Sie beräth in
pleno die Vollziehung der von der γερουσία im Namen der
ἐκκλησία gefassten Beschlüsse, vollzieht aber, ganz nach
griechischem und römischem Gebrauche, wonach der Voll-
ziehende immer ein Einzelner war, selbst nicht, sondern
die Vollstreckung liegt in der Hand je Eines der Mitglieder, welche unter sich die verschiedenen Departements,
wie das Erziehungswesen, das Kriegswesen u. s. w. vertheilt
haben. Diese einzelnen, executirenden Personen hiessen
die Prytanen. Archonten gab es in der Römerzeit keine

---

[1] IV, 179—181.

mehr, wie C. Curtius [1] mit Evidenz gegen Guhl [2] nachgewiesen hat. Die Zahl der Prytanen ist ungewiss, doch
werden gewöhnlich sechs angenommen. Der Erste derselben
war Eponymos, und wurde desshalb sein Name an die
Spitze der Urkunden gesetzt. [3]
Als weitere Beamte finden wir die Strategen, στρατηγοὶ
τῆς πόλεως; ihre Zahl ist unbekannt. Sie werden erwähnt
in ephesinischen Decreten und bei verschiedenen Schrift-
stellern, wo sie als Antragsteller in der Volksversammlung
erscheinen. [4] Aus dem Volksdecret im mithridatischen Kriege
geht hervor, dass sie besonders in Kriegszeiten bedeutendes
Gewicht hatten und Anträge stellten. [5] Die Strategen waren
demnach eingesetzt für die militärischen Angelegenheiten,
versehen mit gerichtlichen Vollmachten für gewisse Rechts-
fälle, welche sich wahrscheinlich auf Kriegspflicht und
Kriegssteuer bezogen, beauftragt Anträge zu stellen an die
ἐκκλησία über Krieg, Flotte, Befestigungen, Vorräthe u. s. w.;
und zwar deuten die obigen Stellen an, dass sie über den
an die Volksversammlung zu machenden Antrag vorher
unter sich, in ihrem engern Collegium abstimmten (ἐπεψήφισαν) und dann das Referat vor jener abgaben (εἰςαγγέλ-
λεσθαι, richtiger technischer Ausdruck dafür).

---

[1] Hermes IV, 225.

[2] Ephesiaca, Berlin 1843, p. 72; es sei hier erwähnt, dass diese
lateinische Monographie von Guhl noch heute das beste Quellenbuch
für Ephesos ist und dass wir dem grossen Fleisse, mit dem der treffliche Gelehrte alles Wissenswerthe gesammelt, für unsere Arbeit sehr
viel verdanken.

[3] Z. B. Jos. Ant. XIV, 10. 25: ψήφισμα Ἐφεσίων ἐπὶ πρυτανέως
Μηνοφίλου ἔδοξε τῷ δήμῳ.

[4] So bei Jos. Ant. XIV, 10. 25 aus Anlass der Sabbathfeier der
Juden, ferner bei Tatius Erot. VIII, 9: κλεῖσον οὖν τὰ δικαστήρια,
κάθελε τὰ βουλευτήρια, ἔκβαλε τοὺς στρατηγούς.

[5] Le Bas, a. a. O., 136 a.: γνώμη προέδρων καὶ τοῦ γραμματέως τῆς
βουλῆς . . . . εἰσαγγειλαμένων τῶν στρατηγῶν, und 140: ἐπεψήφισαν δ' οἱ
στρατηγοὶ τῆς πόλεως φιλοσέβαστοι.

Als Vorsitzer der ἐκκλησία werden erwähnt die πρόεδροι [1],
welche die Versammlung leiteten und über gemachte Anträge abstimmen liessen.

Eine einflussreiche Stellung hatte sodann der Staats-
schreiber, γραμματεὺς τῆς βουλῆς [2] oder γραμματεὺς τῆς πόλεως. [3]
Seine Competenz war eine sehr ausgedehnte, wie überall,
auch in modernen Verhältnissen, bei einem Stadtstaate: als
Zeuge musste er anwesend sein, wenn öffentliche Gelder im
Tempel deponirt oder herausgenommen [4] und wenn Rechnung abgelegt wurde; ferner empfing er Briefe, welche an
das Volk der Ephesier gerichtet waren, wie ein solcher
noch von Apoll. von Tyana aus unserer Periode existirt;
sodann findet sich sein Name öffentlich auf ephesinischen
Münzen, ebenso auf Statuen unter der Widmungsurkunde,
weil er die Aufstellung derselben zu besorgen hatte im
Namen des Volkes. [5] Beweisen schon die angeführten Criterien die wichtige Stellung dieses Stadtschreibers, welchen
man etwa mit dem town-clerk in England und Nord-Ame-
rica vergleichen könnte, so geht dasselbe unzweideutig aus
der Stelle der Apostelgeschichte [6] hervor, wo der γραμματεὺς
den grossen Volksauflauf gegen den Apostel Paulus in einer
gewandten Rede aufzuheben verstand. Wie gross die Zahl
seiner Schreiber war, darüber haben wir keine Nachrichten;
wahrscheinlich veränderte sich das Kanzleipersonal je nach
Bedürfniss und bestand zumeist aus gebildeteren Sclaven.

e. Es bleiben uns noch die übrigen Beamten zu erwähnen, welche sich zertreut und meist in Inschriften
vorfinden. Einmal die ταμίαι [7], die Kämmerer, welchen die
Verwaltung der Stadtkasse anvertraut war; sodann die
προμέτραι [8], die Holzmesser, Kohlenwäger, u. s. w. auf der
ἀγορά; ferner die λογισταί [9], curatores, welche von den rö-

---

[1] Le Bas, a. a. O.: ἔδοξεν τῷ δήμῳ, γνώμη προέδρων.
[2] Le Bas l. c. [3] C. I. Gr. 2953. [4] C. I. Gr. 2953 [b]. [5] Curt. Hermes IV, 185. [6] Act. Apost. XIX, 35. [7] C. I. Gr. 2958. [8] C. I. Gr.
3028. [9] C. I. Gr. 2987 [b].

mischen Kaisern eingesetzt wurden. Nach Marquardt[1] kommen diese Letztern erst seit Nero und Trajan vor und waren ausserordentliche Regierungscommissäre, mit der Revision der städtischen Finanzen betraut, wozu noch später die Machtvollkommenheit kam, städtische Capitalien anzulegen, Ländereien zu verpachten, das Bauwesen zu verwalten u. dgl. In wie weit sie in Ephesos diese ihre Befugniss ausüben durften, ist nicht mehr zu bestimmen. Von untergeordneten Beamten treffen wir endlich den Gefängnissaufseher ὁ τῶν δεσμῶν ἄρχων bei Tatius[2], die Vorsteher der verschiedenen städtischen Gymnasien γυμνασίαρχοι[3], auch ξύσταρχοι genannt[4] nach dem ξυστός, dem bedeckten Säulengange des Gymnasiums.

Ob endlich von der römischen Regierung sonst noch neue Stadtbeamte in Ephesos eingeführt wurden, ist nicht ausdrücklich bezeugt. Doch darf man ohne Bedenken eine Reihe von Beamten, welche in benachbarten, gleichgestellten Städten wie Smyrna, Philadelphia u. A. vorkommen, für Ephesos substituiren. Dahin gehören verschiedene Polizeibeamte, ὁ νυκτοστρατηγός praefectus vigilum, der Befehlshaber der Nachtwächter, ὁ εἰρήναρχος, welcher später häufig bei Christenverfolgungen erwähnt wird[5], und die Polizisten διωγμῖται. Sodann die δεκάπρωτοι, die decuriones im municipium, welche das Amt der Steuereintreibung mit solidarischer Verantwortlichkeit für die aufgegebene Summe besorgen mussten, eine Einrichtung, die später, als die Einnahmen der ausgeplünderten Bürger sanken und die Kriegsbedürfnisse des Staates stiegen, ein wahrer Krebsschaden des Römischen Reiches wurde. Endlich ὁ ἔκδικος, der Rechtsconsulent, welcher auswärtige Processe der Stadtgemeinde führte.

Die Jurisdiction, welche sich unter den Kaisern überall verbesserte und strenge gehandhabt wurde, blieb in der

---

[1] Röm. Staatsverf. I, 487. [2] VIII, 1. [3] C. I. Gr. 2986. [4] C. I. Gr. 2999. [5] Euseb. Hist. Eccles. IV, 15.

formalen Einrichtung dieselbe. Wie früher wurden die
Richter vom Volke durch das Loos (κυάμῳ durch die Bohne)
gewählt. Nach Tatius [1], wo es von einem Richter heisst:
ἦν δὲ τοῦ βασιλικοῦ γένους, liegt die Annahme Guhls [2] nahe,
dass die Richter vorzugsweise aus dem königlichen Geschlechte des Androklos genommen wurden. Und in der
That bestätigt diess auch Strabo indirect, wenn er von der
bevorzugten Stellung jenes Geschlechtes spricht [3], wobei
ohne ausdrückliche Erwähnung der Richterwürde diese
durch den σκίπων, den Richterstab angedeutet ist. Jedenfalls kam sie ihnen, wie Guhl richtig bemerkt, in causa
capitali zu; und zwar schon seit den ältesten Zeiten, als
die Nachkommen des Androklos nicht nur den Namen βασιλεῖς führten, wie zu Strabos Zeit, sondern wirklich Staats-
oberhaupt und als solches oberster Verwalter der alten
Culte waren, mit denen die causa capitalis zusammenhing.
Tatius erwähnt auch der Vorsitzer der Richter, der Ge-
richtspräsidenten, πρόεδροι τῶν δικαστῶν. Ihnen zur Seite
werden bei demselben [4] γεραίτεροι aufgeführt, welche wahrscheinlich Glieder der γερουσία waren, in wichtigen Fällen,
besonders Capitalsachen, um Rath gefragt wurden, und über
welche ein πρόεδρος sogar sagt: οὐδὲν ἄνευ τούτων sc. γεραι-
τέρων ἔξεστί μοι. In dieser richterlichen Eigenschaft führten
sie verschiedene Namen, wie ἐπιγνώμονες, Schiedsrichter,
σύμβουλοι, πάρεδροι und schlechthin δικασταί.

§ 2. Die Steuerverfassung.

In Bezug auf die Abgaben, welche Ephesos in dieser
Zeit zu leisten hatte, haben wir leider gar keine directen
Nachrichten; wir können bloss diejenigen Verhältnisse,

---

[1] VIII, 15. [2] Eph. p. 76.

[3] Καὶ ἔτι νῦν οἱ ἐκ τοῦ γένους ὀνομάζονται βασιλεῖς ἔχοντές τινας
τιμάς, προεδρίαν τε ἐν ἀγῶσι καὶ πορφύραν ἐπίσημον τοῦ βασιλικοῦ γένους,
σκίπωνα ἀντὶ σκήπτρου, καὶ ἱερὰ τῆς Ἐλευσινίας Δήμητρος.

[4] VIII, 9.

welche von andern Städten, die gleiche Privilegien wie
Ephesos genossen, bekannt sind, auf dieses übertragen.
Vergegenwärtigen wir uns zunächst, wie die Sachen vor
unserer Periode lagen! Bekanntlich war in der Sulla'schen
Zeit (100 a. Chr.) der Hauptgrundsatz des römischen Staats-
haushaltes, dass unbedingte Steuerfreiheit an Grund und
Boden ein verfassungsmässiges Vorrecht römischer Bürger
sei. Dass damit eigentlich der Untergang und Verfall
staatlicher Finanzen beginnt, liegt auf der Hand, da ein
Volk seine Steuern selbst bezahlen soll. Der Haushalt
ruhte also wesentlich auf den Einkünften der Provinzen,
welche Steuern waren: der Zehnte (von Garben, Trauben,
Oliven, Feldfrüchten), decuma, sodann das Triftweide- oder
Hutgeld, scriptura, und endlich der Zoll, Abgabe von Han-
delswaaren portorium. Diese Abgaben waren auch für die
Provinz Asia bereits schon vor Sulla durch Cajus Gracchus
im Jahre 123 a. Chr. eingeführt und das System der Verpachtung derselben angeordnet worden. [1] Letztere geschah
durch die Censoren in Rom an die römischen Ritter,
equites, publicani, unter Festsetzung der zu entrichtenden
Ertragsquote sowie der übrigen Bedingungen. Beim Beginn
ihres Termins begaben sich diese publicani nach Ephesos,
wo sie ihren Sitz hatten und sich häufig auch zu einer
Gesellschaft verbanden. Wie sie ihre Stellung ausbeuteten,
wie sie dabei ein förmliches Raubsystem betrieben, ist bekannt. Cäsar schaffte daher vor Allem die Verpachtung,
welche sich diesen Blutsaugern so vortheilhaft erwies, ab,
verwandelte die Gefälle in feste Geldabgaben und überliess
die Einziehung der Einzelbeträge den Steuerdistricten selbst.
Sulla hatte für sein System Asia in 44 Districte eingetheilt
d. h. Städtebezirke [2]; diese Eintheilung scheint auch in der

---

[1] Cic. Verr. III, 6. 12.
[2] App. Mithr. 62: διαιρήσω δὲ ταῦς' ἑκάστους ἐγὼ κατὰ πόλεις, und
Cassiod. ad. a. 670: his conss. Asiam in XLIIII regioues Sulla distri-
buit.

Kaiserzeit bestanden zu haben.[1] In jedem dieser regiones
befand sich ein Archiv, wo die Vermessungsdocumente, Be-
sitzurkunden u. s. w. aufbewahrt wurden. Ephesos war
solch ein Stadtbezirk mit einem derartigen Archiv, wie folgende Notiz bei G. Smith[2] bezeugt: an imperfect inscrip-
tion, copied by Chishull (Travels in Turkey, p. 20) shows,
that there was an office (ἀρχεῖον) in Ephesus for the registry
of titles within her territory. Beim Schlusse des mithridatischen Krieges erhielt nun die Stadt mit der libertas
das Privilegium, frei von Grundsteuer zu sein.

Diess war der Stand, als Octavian seine grossartigen
Verbesserungen auf dem Steuergebiete traf. Er ging davon
aus, einmal den Provinzen, deren Bankrott nahe war, Er-
leichterung zu verschaffen, zum andern soviel wie möglich
den römischen Bürger wieder steuerzahlend zu machen,
überhaupt beide mehr und mehr einander gleichzustellen,
den Unterschied zwischen beiden aufzuheben, wie diess der
Riesengang des römischen Reiches vom Landstädtchen an
der Tiber mit einer Hand voll Bürger (populus, patres) bis
zu einem allgemeinen Bürgerthum der οἰκουμένη unter Bas-
sianus (Carracalla) in der That ist. Um diese seine neuen
Institutionen ins Werk zu setzen, veranstaltete er einen
allgemeinen Reichscensus, nachdem er zuvor das ganze
Reich hatte vermessen und die Einwohner zählen lassen.
Diesen Census abzuhalten fiel in den Senatsprovinzen, also
in Asia, dem Statthalter zu, und auf den Ergebnissen desselben basirten nun die von Octavian verordneten Abgaben.
Sie zerfielen in eine Grundsteuer, tributum soli, die Haupt-
einnahme des Staates bildend, und in eine Kopfsteuer,
tributum capitis. Als civitas libera et immunis genoss
Ephesos das Privilegium von der Grundsteuer, vom eigentlichen alten tributum frei zu sein, das einst der römische
Bürger im Kriegsfall zahlte, konnte also den Landbesitz,

---

[1] Plin. XI, 95. [2] Dictionary of Greek Geography, p. 937.

welcher zu seiner regio gehörte, selbst besteuern. Dafür
war er aber verpflichtet, wenn verlangt, Naturallieferungen
nach Rom zu senden, allerdings gegen Vergütung von Seiten
des Staates. Die Kopfsteuer, welche die Stadt zu leisten
hatte, zerfiel in ein festes tributum capitis und in eine auf
den Census basirte Vermögenssteuer. Um diese Abgaben
zu erheben, wurden die Einwohner in drei Classen getheilt:
1) die erwerbende oder vermögende Classe, 2) die nicht
erwerbfähige Classe (Kinder, Greise), und 3) die vermögens-
lose Classe (Frauen, erwachsene Kinder, Sclaven); die zweite
war steuerfrei, die erste bezahlte die Vermögenssteuer und
die dritte feste Kopfsteuer.

Neben dieser Abgabe finden wir nun auch eine Gewerbe-
steuer (lustralis collatio oder aurum negotiatorium), welche
von den Kaufleuten, Kapitalisten und sonstigen Gewerb-
treibenden erhoben wurde. Bedeutende Ausdehnung erhielt
sie durch Caligula, indem er z. B. von dem privilegirten,
gut bezahlten Geschäfte der geruli (Träger, Droschkiers, Ver-
miether kleiner Schiffe u. s. f.) eine Abgabe von ein Achtel
ihrer Einnahmen verlangte, ein solcher also, wenn er durch-
schnittlich im Tage 4 Drachmen verdiente, jährlich somit
circa 1200, an den Staat 100 Drachmen per annum entrichten musste. In die gleiche Kategorie fielen auch die,
welche unsittliche Gewerbe betrieben. Wahrscheinlich sind
diess solche Steuern, welche Claudius später wieder aufhob.

Die römischen Bürger, welche sich in Ephesos aufhielten, unterlagen seit Octavian ebenfalls einer Steuer und
zwar der Erbschaftssteuer. Es war dieselbe ein Aequiva-
lent für die Steuern der Provincialen und lautete dahin,
dass jeder römische Bürger von jeder ihm zukommenden
Erbschaft und Vermächtniss 5% an den Staat zu bezahlen
habe (lex vicesimae hereditatum et legatorum), eine Einnahme, welche bei der Gewohnheit des Römers, viele Legate
zu machen, nicht unbedeutend sein konnte. Da in unserer
Stadt keine Grundsteuer erhoben wurde, durfte dann
natürlich auch von den römischen Bürgern daselbst nur

vom beweglichen Eigenthum, nicht aber vom Grundbesitz diese vicesima gefordert werden.

Was ferner die indirecten Steuern betrifft, so gehören vor allem hieher die Zölle auf Handelsartikel, welche von auswärts importirt wurden. Da Ephesos, wie wir Cap. III, § 1 sehen werden, besonders den Landhandel mit Asien hatte, so unterlagen alle orientalischen Waaren, z. B. babylonische Decken, indische Salben u. dgl. dem Zoll; der gewöhnliche Satz war die quadragesima $2\frac{1}{2}\%$, zu vergleichen mit der quadragesima Galliarum für alle aus und nach Gallien gehenden Waaren, ein Innzoll, Binnenzoll. Hieher ist ferner zu zählen die Steuer beim Verkauf von Sclaven und Eunuchen, die quinquagesima 2%, welche durch Claudius auf 4% erhöht und ebenso von Nero beibehalten wurde; endlich die Abgabe von 5%, welche die freigelassenen Sclaven von ihrem Werthe zu entrichten hatten.

In Bezug auf die Steuerbeamten wie die Steuerverwaltung traten ebenfalls bedeutende Veränderungen ein. Darnach wurden in Asia die Steuern von den Quästoren eingetrieben, welchen zu dem Ende eine Menge von Finanzbeamten zur Seite standen. [1] Das erhobene Geld floss in die Provincialkasse, woraus die Gehälter der Beamten sowie das Militär bestritten wurden. Der Ueberschuss musste nach Rom in das aerarium Saturni abgeliefert werden.

Diese ganze Steuereinrichtung, wie sie von Octavian war eingeführt worden, verblieb im Wesentlichen die Kaiserzeit hindurch.

Wir haben bis dahin kurz zusammengestellt, was uns über die Steuerverfassung von Ephesos, soweit sie auf das römische Reich Bezug hat, bekannt ist; interessant wäre es nun aber, wenn wir einige Kenntniss über die städtische Steuerverfassung hätten, d. h. über die Abgaben, welche von den Einwohnern für die städtischen Bedürfnisse ge-

---

[1] Dig. I, 16, 9.

leistet wurden. Leider aber haben wir darüber gar keine Nachrichten. Bloss in dem Volksbeschluss aus der Zeit des mithridatischen Krieges lassen sich einige hieher gehörige Bestimmungen nachweisen. Aus ihm geht nämlich hervor, dass in Bezug auf die Steuern die Einwohner in mehrere Classen zerfielen, einmal in vollberechtigte Bürger, sodann in ἰσοτελεῖς, d. h. solche Bürger, welche dieselben Pflichten hatten wie die erstern, aber nicht ganz aller politischen Rechte genossen (πλὴν τοῦ ἄρχειν, d. h. sie konnten nicht in den Magistrat gewählt werden); ferner in πάροικοι oder μέτοικοι, Fremde, welche in der Stadt dauernden Wohnsitz genommen hatten und worunter besonders solche waren, die zum Asyl Zuflucht genommen; sie genossen den Schutz des Staates, ganz wie die Metoiken der Athener, und bezahlten dafür bestimmte Abgaben; endlich in ξένοι, Fremde, welche nur vorübergehend sich aufhielten (vgl. pag. 25).

§ 3. Geschichte von Ephesos.

a. unter Octavianus.

Da Ephesos mit allen griechischen Städten der damaligen Zeit das Loos theilte, keine selbständige Politik mehr treiben zu können, und da es in Folge dessen kein anderes Ziel hatte, als möglichst ungestört seinen Handelsinteressen leben zu können, welche durch die ewigen Bürgerkriege, die Landplage der römischen Raubritter, oder damit man nicht an das Mittelalter denke, dieser Ritter, die durch Wucher und verderbliche Speculationen die reichsten Städte in eine unerschwingliche Schuldenlast stürzten, überhaupt die zerrüttete politische Lage des ganzen riesigen Staatskörpers erschüttert waren, so lässt es sich leicht vorstellen, mit welch grossen Hoffnungen und Erwartungen die Stadt Octavians Alleinherrschaft begrüssen musste. Sie war verschuldet durch Erpressungen aller Art, sie seufzte unter Sulla's Brandschatzung, welcher von ihr wie von den übrigen asiatischen Städten die fünffachen Steuern im Voraus für fünf Jahre bezahlt haben wollte. Niebuhr [1] sagt trefflich: „Die Steuern betrugen 30 Millionen; sie wurden mit der grössten Härte und in der kürzesten Zeit eingetrieben. Nun machten die römischen equites, welche stets im Gefolge der Feldherren waren, Vorschüsse zu 24, 36, ja 48% und trieben nachher Capital und Zinsen mit Hülfe der Statthalter ein. Das war die schrecklichste Tyrannei; das Schwert verödete die Länder lange nicht so wie der Wucher." Schon Cäsar schaffte eine Reihe von Krebsschäden ab; besonders machte sich darum Octavian im höchsten Grade verdient. Wenn man sich vergegenwärtigt, welch eine ungeheure Aufgabe den ersten römischen principes, vornehmlich Octavian, zufiel, nämlich erstens die Bewohner des Reiches vor den Geldspeculanten, Banquiers und Wucherern, welche sich mit gewissenlosen Beamten verständigten, zu schützen und zwar zuvorkommend, nicht etwa einmal hintendrein durch eine Verurtheilung gemäss der lex repetundarum, zweitens Haus und Herd, Staat und Sitte gegen die Feinde und Fremden zu vertheidigen, wenn man bedenkt, welche Schwierigkeiten ihm besonders das Heer bereitete, dessen Unterhalt ihm kummervolle Nächte machte, ohne welches aber die Barbaren wie Geier auf das Weltreich sich stürzten, das Heer, welches murrt über kärglichen Sold, zwanzigjährigen Dienst, verweigerten Abschied und dem princeps nur wider Willen gehorcht [2], wenn man endlich sich klar macht, dass der Gedanke, welcher im ganzen classischen Alterthum galt, Alle durchdrang: wer sich in einem vorher freien Staat, als dessen unsterblicher Zeuge immer noch der Senat vor Augen stand, zum unverantwortlichen, erblichen Alleinherrscher aufwirft, sei der Erbfeind der Bürger, gegen welchen selbst der Meuchel-

---

[1] Vorträge II, 374.

[2] Abschied, Geld und Aecker verlangten die Soldaten schon im sicilischen Kriege von Octavian, wie der Tribun Ofilius sagt: Kränze und Ehrenzeichen seien Kinderspiel. Vell. Paterc. II, 81.

mord erlaubt sei, wenn man, sage ich, diess Alles festhält,
so darf man sich billig wundern, wie meisterhaft Octavian
seine geschichtlich nothwendige, hohe Aufgabe gelöst hat,
wie er ein Auge für Alles hatte und selbst einzelnen
Städten seine Aufmerksamkeit zuwandte. Diess Letztere
sehen wir ganz besonders an Ephesos; denn in ihr traf
Octavian eine Reihe sehr bedeutsamer Reformen, welche
zum Theil erst durch die neuesten Aufgrabungen sind bekannt geworden.

Schon unmittelbar nach der Schlacht bei Actium zog
der sieggekrönte Imperator durch Griechenland, um der
Noth und dem Elend abzuhelfen. Den Winter 31./30. ver-
brachte er auf Samos.[1] Dass er damals unsere Stadt
besuchte, ist nicht bezeugt, darf aber ohne Zweifel als gewiss angenommen werden. Dabei konnte und musste es
seinem geübten Auge nicht entgehen, dass das verworrene
Verhältniss von Stadt und Tempel nicht länger so fortbestehen durfte, wenn nicht die nachtheiligsten Folgen für
das Wohl der Stadt eintreten sollten. Er, welcher immer
auf die strengste Rechtspflege drang, so dass Sueton[2] von
ihm sagt: ipse jus dixit assidue et in noctem nonnunquam;
si parum corpore valeret, lectica pro tribunali collocata,
vel etiam domi cubans, musste sofort einsehen, dass von
einer geordneten Jurisdiction keine Rede sein könne, solange nicht das ganze Stadtgebiet unter den communalen
Gerichtsbehörden stehe. Dass ein Theil unter priester-
liches Gericht zu stehen kam, musste ihm als unverträglich
mit der rechtlichen Ordnung erscheinen. Doch Zeit für
diese Reformen hatte er damals nicht, denn der plötzliche
Aufstand einer Abtheilung seiner Veteranen rief ihn noch
mitten im Winter nach Italien zurück, ohne, wie die Folge-
zeit erwies, die ephesinischen Verhältnisse ausser Acht zu
lassen. Von Rom aus traf er in den nächsten 10 Jahren
seine bedeutendsten Reformen in der Verwaltung und Steuer-

---

[1] Suet. Oct. 17. Tac. Ann. III, 34.   [2] Oct. 33.

verfassung der Provinzen, woran unsere Stadt ebenfalls
Theil hatte. [1] Aber diess genügte ihm noch nicht, weshalb
wir ihn in den Jahren 22—19 a. Chr. auf einer grossen
Reise durch die östlichen Provinzen des Reiches antreffen,
um das neue System seiner Provincialordnung zu befesti-
gen. Auch damals überwinterte er auf Samos, und ein
wiederholter Besuch in der grossen Metropole Asiens liegt
auch hier nahe anzunehmen.

Treten wir nun näher an die einzelnen Reformen und
Thaten daselbst durch Octavian heran, so haben wir der
Zeit nach zuerst die Thatsache zu erwähnen, dass er alle
jene Kunstschätze, welche Antonius seiner Kleopatra zu
Liebe aus Ephesos und seinem Tempel geraubt und nach
Aegypten geschleppt hatte, wieder dahin zurückbringen
liess. [2] Diese restitutio war für die Stadt von grossem
Werthe, nicht nur dass sie dadurch ihr Eigenthum wieder
erlangte, sondern sie erhielt damit ihren Glanz und ihre
Berühmtheit zurück; sie übte nun wieder ihre Anziehungs-
kraft auf jene zahlreichen Reisenden und Kunstfreunde aus,
welche sie aufzusuchen pflegten. Dass Octavian selbst diese
seine Handlung als eine bedeutende That erschien, bezeugt
er schon damit, dass er in jener kurzen Uebersicht seiner
res gestae, welche uns als monumentum Ancyranum erhalten ist, dessen gedenkt. In demselben heisst es [3]: In
templis omnium civitatium (provinciae A)siae victor
ornamenta reposui, quae spoliatis tem(plis hostis) cum
quo bellum gesseram, privatim possederat. Gewiss war
dieses unerhoffte Zurückerhalten ihrer Kunstwerke ein wei-
terer Grund für die Ergebenheit der Stadt gegen die gens
Julia.

Wenn er so einerseits dem Tempel seine Schätze wieder übermachte und den Clerus sich geneigt erhielt, schritt

---

[1] S. oben § 1 und 2. [2] 30 a. Chr. Strabo XIII, 595; XIV, 637;
besonders den berühmten Apollo des Myron, Plin. XXXIV, 58. [3] ed.
Mommsen p. 79. cap. XXIV, 4, 49—51.

er aber andererseits im Jahre 5 a. Chr. zur definitiven Regelung des Verhältnisses von Tempel und Stadt. Zuerst schloss er die Priester völlig von der Jurisdiction innerhalb des Stadtgebietes aus, indem er den Tempelbezirk wieder verengte, welcher durch Antonius bis in die Stadt hinein ausgedehnt worden war. Er liess dazu eine neue Umfriedigungsmauer errichten. Dem Engländer Wood ist es gelungen, diese Thatsache an Ort und Stelle selbst nachzuweisen; er fand die S.W.-Ecke des Peribolus, wo Octavian die seine Reform betreffende Inschrift hatte einmauern lassen.[1] In dieser heisst es: Imperator Caesar Augustus . . . . . ex reditu Dianae fanum et Augusteum muro muniendum curavit. Damit war der Priesterherrschaft ihr Gebiet streng abgemessen, innerhalb dessen sie allein gelten und allein richterliche Gewalt ausüben sollte; das Stadtterrain war vollständig davon ausgeschlossen, beide Gebiete völlig getrennt wie nach Alexanders Anordnungen.

Aber Octavian ging noch weiter. Während bisher die Verwaltung des Tempels und seiner Einkünfte ausschliesslich in den Händen der Priester gewesen war, die ganze Hierarchie also der Bürgerschaft als selbstständiger, für sich bestehender zweiter Körper in der civitas Ephesia gegenüberstand mit eigener Verwaltung und Jurisdiction, wo die Stadt kein Wort mit zu sprechen hatte, verordnete Octavian — und das war ein bedeutender Schritt —, dass in Zukunft in der Verwaltungsbehörde des Artemisions auch Bürger vertreten sein sollten. Und um auch den zahlreichen römischen Bürgern in der Stadt daran Antheil zu geben, verfügte er zum Bau des Augusteums über die Einkünfte und Geldmittel des Tempels und bestimmte, dass dieser neue Cultus der Roma und des Divus Julius von den daselbst wohnenden Römern sollte versehen werden.[2] Dieses Augusteum muss ebenfalls, wie obige Inschrift des Peribolus zeigt, innerhalb des Tempelgebiets

---

[1] Vgl. Beilage II. [2] Dio Cass. 31, 2.

gelegen haben; und in der That hat man auch Ruinen in unmittelbarster Nähe des Artemisions aufgefunden, welche von Curtius, als vom Augusteum herrührend, bestimmt wurden. Was sodann das Asylrecht betrifft, so war es durch obige Tempelgebietsveränderung natürlich auch beschränkt worden. Dasselbe ganz aufzuheben konnte Octavian, obschon es gewiss sein Wunsch war, noch nicht wagen. Erst unter Tiberius erhält es ausgedehnte gesetzliche Beschränkungen. Wenn endlich Strabo [1] berichtet: ʿΙερέας δ' εὐνούχους εἶχον, οὓς ἐκάλουν Μεγαβύζους ...... συνιερᾶσϑαι δὲ τούτοις ἐχρῆν παρϑένους, νυνὶ δὲ τὰ μὲν φυλάττεται τῶν νομίμων, τὰ δ' ἧττον, so hat Curtius [2] und Bernays [3] aus den Imperfecta εἶχον, ἐκάλουν, ἐχρῆν, sowie aus dem Zusatze τὰ μὲν κ. τ. λ. geschlossen, und wohl nicht mit Unrecht, dass Octavian die Castration der Artemispriester abgeschafft habe und Strabo von etwas Vergangenem rede. Ob man aber mit Curtius zu gleicher Zeit annehmen darf, dass er auch „die Satzungen in Betreff der weiblichen Hierodulie und alles damit zusammenhängenden Unwesens asiatischer Gebräuche" beseitigte, möchten wir bezweifeln, denn solche Institutionen zu entfernen bedurfte es gewiss einer längern Zeit; vgl. das Nähere darüber Cap. IV, § 1, wo diess im Zusammenhang mit dem ganzen Cultus der Artemis behandelt ist. Jedenfalls war aber durch die Beseitigung der Entmannung der Anstoss, welchen die Abendländer an dem widerlichen Greuel nehmen mussten, aus dem Wege geräumt, die Verehrung der Göttin wurde eine allgemeine, damit vermehrte sich die Zahl der Pilger, steigerte sich der Fremdenverkehr. Die Stadt nahm einen neuen Aufschwung, Handel und Industrie blühten neu, Wohlstand stellte sich wieder ein: die Hoffnungen der Ephesier, welche sie beim Regierungsantritt Octavians gehegt, sie waren erfüllt in der glänzendsten Weise. Er hatte ganz im Gegensatz zu dem immer

---

[1] XIV, 641. [2] a. a. O., p. 30. [3] Heraclit. Briefe, p. 108.

lüderlicher werdenden Antonius, welcher die Priesterherrschaft begünstigt hatte, die Rechte der Stadt, der Bürger wahrgenommen, und in dankbarer Anerkennung dafür nannten ihn die Bewohner den „Neugründer der Stadt", wie uns Münzen, wo er den Beinamen κτίστης führt, zeigen. [1]

b. unter Tiberius bis auf Nero.

Wenn, wie wir gesehen haben, durch Octavians treffliche Regierung, durch seine neue Organisation der Verwaltung von Asia proconsularis wie durch seine Reformen in Ephesos selbst die Stadt in eine ganz neue Aera getreten war, so finden wir, dass auch unter der Herrschaft seines Nachfolgers Tiberius ihr Zustand ein in jeder Beziehung befriedigender war. Denn selbst die Gegner des Tiberius, dieses gewaltigen Mannes, um dessen Schatten immer noch räthselhafte Erscheinungen spielen, geben das zu, dass die Verwaltung des römischen Reiches und besonders seiner Finanzen unter Octavians Nachfolger eine treffliche war. Davon aber hing ja gerade in jener Zeit das Wohl oder Wehe der meisten Provincialstädte ab; was kümmerte sich Ephesos um die feindseligen Reibungen zwischen Kaiser und Senat? Ihm lag nur Eines am Herzen, das war Ruhe und Sicherheit seines Handels, strenge Controle und Ueberwachung der römischen Staatsbeamten, möglichste Freiheit von zu drückenden Abgaben. Und das hat Tiberius während seiner Regierung gegeben. Er trat durchaus in die Fussstapfen seines grossen Vorgängers und änderte möglichst wenig an dessen Einrichtungen; desto mehr Gewicht legte er aber auf die strenge Durchführung und Aufrechterhaltung derselben. Allerdings waren die Abgaben und Leistungen der Provinzen keine unbedeutenden, so dass im

---

[1] Dass die ehrenden Decrete der Provinzen gegen die Principes häufig verdient waren, dass nicht bloss Schmeichelei ihnen zu Grunde lag, zeigt sich gerade bei diesem Ehrennamen κτίστης jedem, der die Verhältnisse von Ephesos genauer prüft.

Jahre 17 p. Chr. die orientalischen Städte und Länder
Steuerermässigung verlangten [1], aber er war mit Ausnahme
jener Zeit seines Aufenthaltes von Capri, wo er weder grausam noch wollüstig, gewissenhaft für das ökonomische Wohl
seiner Unterthanen besorgt und gab bei Unglücksfällen und
in Zeiten der Noth reichlich. Zudem haben wir schon früher
gesehen, dass eine Handelsstadt wie Ephesos auch gerne
hohe Steuern bezahlt (vgl. während des peloponnesischen
Krieges und nachher), wenn sie nur die sichere Garantie
eines ungestörten Handels und Verkehres hat. Und diese
genoss Ephesos beinahe während der ganzen Regierung des
Tiberius. Dass Letztere gegen sein Lebensende, da jener
unglückliche Menschenhass ihn wie einen Dämon plagte,
nicht mehr so vortrefflich geführt wurde, ist gewiss. Der
Imperator, ermüdete nach und nach in dem Kampfe mit
dem Senat, welcher, trotzdem er einsah, dass seine Zeit
vorbei war, seit das römische Reich aus einem Optimatenstaat ein Militärstaat geworden, doch noch, so lange es ging,
für seine Stellung eintrat.

Wie Octavian, so wurde auch Tiberius mit den städtischen Verhältnissen von Ephesos genau bekannt. Denn
8 Jahre lang (6 a. Chr. — 2 p. Chr.) lebte er auf der benachbarten Insel Rhodos, welche ihm ausnehmend zusagte,
und machte von da aus öfters Besuchsreisen auf den Continent. Und er, welcher mit so viel Energie später als Regent für die persönliche Sicherheit der Staatsbürger und
die Erhaltung der regelmässigen bürgerlichen Ordnung
sorgte, nahm gewiss schon damals wahr, welches Unwesen
mit dem sogenannten Asylrecht in den meisten griechischen
Städten getrieben wurde. Dieses Uebel hatte sich so weit
verbreitet, dass nach dem einstimmigen Zeugniss der Schriftsteller die heiligen Stätten, wie das ephesinische Artemision
und Andere, welche nach der ursprünglichen Idee eigentlich
nur eine Zufluchtsstätte für misshandelte Sclaven und son

---

[1] Tac. Ann. II, 43.

stige Unglückliche sein sollten, die grossen Sammelplätze
aller Verbrecher und Schuldner geworden waren. Nach
Plutarch [1] soll das Tempelgebiet von Ephesos stets von
Schuldnern und dergleichen Menschen überfüllt gewesen
sein. Diess kann uns durchaus nicht auffallend sein, da
wir bereits früher gesehen, wie die Tendenz der Priesterschaft dahin ging, möglichst viele abhängige Diener zu
haben; wir sagen abhängige, denn für den Schutz, welchen
das Artemision bot, verlangte sie natürlich gewisse Leistungen und Verpflichtungen. Auf der andern Seite aber war
auch für die Stadt selbst dieses Asylrecht mit grossem
Nutzen und Vortheil verbunden. Denn gewöhnlich blieben
jene Flüchtigen, wenn die Zeit abgelaufen, während welcher
sie bestraft werden konnten, in Ephesos zurück und sie-
delten sich an. Die Stadt verdankte zum guten Theil diesem Umstande ihr rasches Aufblühen schon in der ältesten
Zeit. Vom Standpunkte des römischen Gouvernements aber
konnte solche Ausdehnung und Ausartung des Asylrechts
unmöglich geduldet werden, da einerseits diese Volksmassen
gefährliche Sammelpunkte werden konnten, andererseits
dadurch im Grunde jegliche Rechtspflege erschüttert wurde.
In diesen Bedenken stimmten gewiss auch die rechtlichen
Bürger der Stadt überein; das Asylrecht überhaupt aber
gänzlich aufzugeben verbot ihnen ihr Vortheil. Wie wir
bereits gesehen, hatte schon Octavian dem Unwesen zu
steuern gesucht, aber erst Tiberius nahm eine vollständige
Revision der Asyle vor. Im Jahre 22 p. Chr. wies er den
Senat deshalb an, Gesandtschaften von allen Städten mit
Asylen nach Rom kommen zu lassen. Dieselben hatten
positive Dokumente mitzubringen, um ihre Rechte vertheidigen zu können. Eine Reihe von Städten gaben in Folge
davon ihre angemassten Asyle sofort auf. Ephesos aber
und noch andere sandten nach Rom, um sich dieselben zu
erhalten. Auf Grund eines geschichtlichen Beweises, wel-

---

[1] De aere al. vit. c. 31.

cher für die Kenntniss der Religionsverhältnisse grundlegend
ist [1], erhielt das Artemision sein Recht allerdings bestätigt,
aber sämmtliche Fälle, in denen allein dasselbe Schutz
bieten sollte, wurden nun definitiv festgestellt und strenge
Aufrechterhaltung der Vorschriften geboten. [2]
Wenn so Tiberius für die bürgerliche Ordnung und
Sicherheit sorgte, so hatte bald darauf die Stadt noch mehr
Ursache ihm dankbar zu sein. Schon im Jahre 17 p. Chr.,
besonders aber 29 p. Chr. kam eine fürchterliche Calamität
über die blühende Stadt: ein entsetzliches Erdbeben, welches eine Reihe der glänzendsten griechischen Städte in Trüm-
merhaufen verwandelte, traf auch sie. In Einer Nacht war
sie verwüstet, hatten unzählige Menschen ihr Leben verloren, nur der Tempel litt wenig Schaden. Da griff nun
Tiberius grossartig ein und half in der wirksamsten Weise;
nicht nur dass er ihr alle Abgaben an den Staat erliess,
er schenkte ihr auch eine bedeutende Summe zur Milderung
der Noth. Der Name von Ephesos erscheint deshalb auch
auf dem Monument, dessen Reste noch vorhanden sind,
nebst 14 andern Städten, welches Denkmal als Zeichen des
Dankes für die Unterstützung dem Kaiser im Jahre 30 p. Chr.
zu Puteoli errichtet wurde. [3] Wie überhaupt die Stadt dem
Tiberius gewogen war, beweist der Umstand, dass es unter
den ersten Städten sich befand, welche ihn bei Lebzeiten
göttlich verehrten. Im Jahre 26 p. Chr. kamen Gesandte
Asiens aus 11 Städten, worunter Ephesos, nach Rom, um
über das Recht, dem Kaiser einen Tempel zu bauen, Ent-
scheid zu erlangen. Wie Tacitus [4] bezeugt, stritten besonders die Ephesier und Milesier um diese Vergünstigung;
Smyrna aber trug den Sieg davon.
Was sodann das Verhältniss von Stadt und Tempel be-

---

[1] S. Cap. IV, § 1. [2] Tac. Ann. III, 60. 61.
[3] Vgl. O. Jahn über die puteolanische Basis in den Berichten der
K. Sächs. Ges. der Wiss. 1851. p. 122.
[4] Ann. IV, 55—57.

trifft, so unterliegt es keinem Zweifel, dass die Hierarchie ihre frühere Politik gänzlich fallen lassen musste auch unter Tiberius. Denn einmal hielt er ja die strenge Ordnung in der Stadt mit aller Kraft aufrecht, wie sie Octavian, den er absichtlich in Allem nachahmte, eingeführt, bewachte also jedenfalls auch die so wichtige Regelung jenes Verhältnisses; ausserdem aber zeigt gerade seine Definition des Asylrechts, wie er auf der Bahn seines Vorgängers weiter ging und die priesterliche Autonomie zu Gunsten der Bürger und des Staates noch mehr einschränkte.

Aus dem Obigen ersehen wir, dass Ephesos unter dieser Regierung ganz entschieden eine ruhige, für seine Interessen höchst günstige Zeit hatte. Seit dem Erdbeben, welches die Stadt zweimal zerstört hatte, bedurfte sie derselben auch dringend: sie erholte sich bald, und wenn sie im Jahre 33 unter der grossen Finanzcrisis, welche in Rom ausbrach, und deren gewaltige Zuckungen stark auf alle Provinzen wirkten, gewiss auch bei ihrer Stellung als Geldmarkt des Ostens mitgelitten hatte, so sehen wir doch, dass sie sich unter den folgenden Kaisern mächtig emporarbeitete und nach wie vor ihren Rang als Emporium Asiens behauptete.

Diesem Bestreben stand auch in der That des Caligula Regiment im Allgemeinen nicht im Wege, da die Verwaltung gut war. [1] Allerdings aber konnte das baldige Ende seiner Herrschaft Ephesos nur erwünscht sein, da er für seine wahnsinnigen Verschwendungen eine Reihe neuer Steuern einführen musste, welche er durch Militär eintreiben liess, wie Sueton bezeugt: vectigalia nova atque inaudita, primum per publicanos, deinde quia lucrum exuberabat, per Centuriones exercuit, nullo rerum et hominum genere omisso cui non tributi aliquid imponeret, wobei freilich die letzten Worte, dass es keine Art von Geschäften und Menschen gab, welche nicht zu den Steuern herangezogen worden

---

[1] Suet. Cal. 16.

waren, von finanziellem Standpunkte aus für ein Lob zu
erachten sind, da ja Alle und Jeden verhältnissmässig
in Mitleidenschaft zu ziehen, Aufgabe der Finanzwissen-
schaft ist.

Unter Caligula nahm nun auch der Cäsarencultus, welchen sein Vorgänger soviel wie möglich beschränkt und
zurückgewiesen hatte — denn auch jene Huldigung der
asiatischen Städte durch Bau eines Tempels hatte er sich
verbeten, freilich ohne es hindern zu können — eine weite
Verbreitung. Er liess sich die Attribute des Jupiter Capi-
tolinus beilegen und machte den Cultus gesetzlich. Während Tiberius diesen nur als religiösen Ausdruck der politischen Verpflichtung, welche man dem Monarchen und dem
Staate schulde, ansah, bezog ihn Caligula direct auf seine
eigene Person, welche er mit dem Staate identificirte; er
huldigte buchstäblich dem Grundsatze l'état c'est moi.
Diesem seinem unsinnigen Bestreben kamen besonders die
orientalischen Städte entgegen, unter ihnen auch Ephesos;
ja sie gingen so weit, seine liederlichen Schwestern göttlich
zu verehren; so wurde bekanntlich Drusilla in Mitylene als
Augusta und in Milet direct als „Göttin" gefeiert, wie durch
Münzen bezeugt ist. Von unserer Stadt haben wir darüber
keine positive Nachricht, darin zurückgestanden hat sie
aber gewiss nicht, liessen sich doch Knaben aus ihren edel-
sten Geschlechtern nach Rom ziehen, um daselbst der neuen
Gottheit Hymnen und Lobgesänge anzustimmen. [1]

Unter Claudius konnte die Stadt ziemlich ungestört
ihren Interessen leben. Trotzdem seine Mutter von ihm
soll gesagt haben, er sei nec absolutum a natura, sed
tantum inchoatum, und Niemand sei stultior filio suo, ist
doch bezeugt, dass er ausserordentlich fleissig war im
Rechtsprechen, er also auf gewissenhafte Jurisdiction auch
in den Provinzen sah. Dagegen wurde der Umstand, dass
er sich von seinen Ministern, den Freigelassenen, Narcis-

---

[1] Dio Cass. 59, 29 und 60, 7.

sus und Pallas, wie seiner schamlosen Gemahlin Messalina beherrschen liess, für die Provinzen verhängnissvoll, besonders gegen das Ende seiner Regierung. Am Anfang derselben gewann er sich dieselben, indem er sofort die drückendsten, von seinem Vorgänger erst neu eingeführten Steuern abschaffte. Grosser Prosperität erfreute sich Ephesos aber, wie es scheint, während seiner ganzen Herrschaft, denn aus jener Zeit stammen mehrere öffentliche Prachtbauten, so das Gymnasium, welches unmittelbar am Hafen lag, dann der nach Claudius benannte Tempel an der agora; ebenso scheint damals das grossartige, noch jetzt am besten erhaltene opistholeprische Gymnasium restaurirt worden zu sein, wie Adler bei Curtius, p. 41, vermuthet. Auch glaubt derselbe Gelehrte, dass in jener Zeit der Hafen bedeutend erweitert und ausgebessert wurde. Solche Bauten setzen aber eine verhältnissmässig ruhige, dem Handel günstige Zeit voraus. In der Kaiserverehrung ging die Stadt immer weiter. Nicht nur dass dem Claudius ein besonderer Tempel erbaut wurde, auch Agrippina erhielt göttliche Verehrung [1], und wurde ihr von der Gerousie und dem Volke ein Heiligthum geweiht und durch einen gewissen Alexander Mnemon errichtet. [2]

Während Claudius' redlicher Eifer der Stadt im Ganzen förderlich war, hatte sein Nachfolger Nero (seit 54) in all dem tollen Treiben keine Zeit, für Provincialstädte zu sorgen. Da die Berichte aus jener Zeit sich beinahe nur auf Rom und die Ereignisse innerhalb der kaiserlichen Familie beschränken, über auswärtige Verhältnisse dagegen sehr spärlich sind, so haben wir auch über Ephesos keine Nachrichten, sondern sind auf Vermuthungen angewiesen. Der Charakter der Neronischen Regierung war bis zum Jahre 58 ein friedlicher sowohl, als auch ein wohlgeord-

---

[1] Vgl. die Münzen, welche Claudius' und Agrippina's Bild führen neben der Artemisstatue.

[2] Plin. 120. Jos. Ant. XVI, 6. 7. Arist. I, 525.

neter (unter Burrus und Seneca); also befand sich die
Stadt gewiss in, ihren Interessen entsprechend guten
Verhältnissen. Dagegen war die Zeit 58—62 jedenfalls
eine bewegtere, weil der Krieg gegen Tiridates von Armenien und die sich daran knüpfenden Streitigkeiten das reiche
Hinterland jenseits des Euphrat für die ephesinische
Handelsschaft mehr oder weniger verschlossen. Doch
scheint dieser Umstand das wachsende Gedeihen und den
steigenden Wohlstand der Städte Kleinasiens nicht besonders stark afficirt zu haben, wenn man von dem verhältnissmässig raschen Wiederaufblühen der durch ein Erdbeben theilweise zerstörten phrygischen Stadt Laodicea
ohne alle Staatsunterstützung auf das Prosperiren jener
Städte einen Schluss ziehen darf.[1] Durch das Ende der
Kämpfe, welches den Interessen des Orients entsprach,
war die Gefahr, jenes Handelsgebiet zu verlieren, vollständig beseitigt und ein dauerhafter Friede ermöglichte
die ferneren Verbindungen bis an den Himalaya hin. Um
so williger bereiteten denn auch die Ephesier dem Könige
Tiridates, welcher zur Neubelehnung nach Rom gehend
mit einem Geleite von über 3000 Menschen durch Vorderasien zog[2], wie die übrigen Städte einen festlichen
Empfang. — Von der Kunstplünderei, welche Nero während seines Aufenthaltes in Griechenland (Ende 66 bis 67)
ausübte, scheint Ephesos verschont geblieben zu sein,
wenigstens fehlen uns alle Nachrichten darüber.

Mit dem 9. Juni 68, dem Todestage Nero's und dem
Erlöschen des Julisch-Claudischen Hauses trat für das
ganze römische Reich eine tiefgehende Veränderung ein;
ein neuer Abschnitt in der Profangeschichte beginnt.
Welches die Verhältnisse und Zustände von Ephesos seit
diesem Zeitpunkte bis zu seinem Untergange gewesen sind,
gehört jedoch nicht mehr in den Kreis unserer Aufgabe.

---

[1] Tac. Ann. XIV, 27. [2] Tac. Ann. XV, 31. Dio Cass. 62, 23.

DRITTES CAPITEL.

Der sociale Zustand von Ephesos unter dem Principate der gens Julia-Claudia.

(30 a. Chr. — 70 p. Chr.)

---

§ 1. Handel und Industrie.

1) Wie wir bereits an mehreren Punkten der Geschichte von Ephesos gesehen haben, lag zu allen Zeiten das Interesse der Einwohner vorwiegend auf dem Handel. Selbst in den Zeiten, wo die Stadt so zu sagen gezwungen war, Politik zu treiben, sich für die eine oder die andere Grossmacht zu entscheiden, selbst da bildete die innerste Triebfeder ihrer Handlungen, das entscheidende Argument ihres Verfahrens, das Interesse des Handels. Entstanden aus einem kleinen Handelsdepot, hat Ephesos sich in kurzer Zeit zufolge ihres beweglichen jonischen Charakters, ihres genialen Scharfblickes in Ausnützung der gegebenen Verhältnisse, ihres sich Hineinschickens in alle möglichen politischen Zustände zum Range einer der ersten Handelsstädte der alten Welt emporgeschwungen, welchen sie trotz aller Wechselfälle zu behaupten gewusst hat. Schon die Lage der Stadt wies ihre Bewohner darauf an, einmal die Producte des reichen Hinterlandes zu beziehen, sodann von ihr aus, als dem Hauptstapelplatze, dieselben in alle Weltgegenden zu versenden. Erleichtert wurde diess da-

durch, dass Ephesos nicht nur den kürzesten Landweg
nach Sardis hatte, sondern die vortrefflichste Strasse der
damaligen Welt, die Achämeniden-Königsstrasse, welche
auch an Sicherheit nichts zu wünschen übrig liess. Während Athen und Corinth zunächst nur auf das eigene
Mutterland angewiesen waren, hatte unsere Stadt zufolge
ihrer Lage gleichsam zwei Welten, zwei grosse Theile mit
ganz verschiedenen Culturentwicklungen zu vereinigen, bildete den natürlichen Platz des allgemeinen Austausches
der verschiedenen Culturproducte. Und wenn erst Alexanders kühne Züge den Orient für die Hellenen erschlossen
haben, so hat die Einverleibung ins römische Weltreich
den Occident geöffnet. Ephesos war damit in noch eminenterem Sinne in die grosse Vermittlungsstellung gekommen als zuvor; jetzt standen sich ja beide Theile der
civilisirten Welt gegenüber, bereit einander zu geben und
von einander zu empfangen, weder der Ehrgeiz der Dynasten, noch die Plünderungssucht der römischen Aristocraten veranlassten mehr Kriege und Ruhestörung. Mitten
in diesen Process war die Stadt gestellt; in der Vermittlung lag ihre Aufgabe, ihr Ziel, das war der Puls ihres
Lebens. Und wenn wir näher an unsere Zeitperiode herantreten, so leuchtet nach dem oben Gesagten von selbst
ein, dass sie für jene und ihre Zwecke nicht günstiger
sein konnte. Mit gerechtem Stolze konnte Octavian in
seinem bereits erwähnten monumentum [1] vor der Welt sich
rühmen: Mare pacavi a praedonibus; mit Recht Epictet [2]
ausrufen: Ὁρᾶτε γὰρ ὅτι εἰρήνην μεγάλην ὁ Καῖσαρ ἡμῖν δοκεῖ
παρέχειν; mit Recht ein Plinius im Namen des römischen
Volkes bitten: das Kaiserthum möge ewig bleiben. Octavian hat der zerrütteten Welt das geboten, was ihr zunächst nöthig war, Friede und Sicherheit; und so wird er
auch verherrlicht in jener Inschrift von Halicarnass, welche
ihn preist als ἐργέτην τῶν ἀνθρώπων γένους, ὅς μεγίστας ἐλπί-

---

[1] Ancyranum XXV, 5, 1—3.   [2] Diss. III, 13. 9.

δας οὐκ ἐπλήρωσε μόνον, ἀλλὰ καὶ ὑπερέβαλλεν ἀσφαλὴς μὲν γὰρ γῆ καὶ θάλασσα· πόλεις δ᾽ ἀνθοῦσιν ἐν εἰρήνῃ καὶ ὁμονοίᾳ καὶ εὐετηρίᾳ.

Unter diesem Schutze, den die Monarchie bot, musste sich Ephesos rasch erholen und seinen Platz in der Handelswelt behaupten. Strabo deutet diess an, wenn er sagt: ῾Η δὲ πόλις τῇ πρὸς τὰ ἄλλα εὐκαιρίᾳ τῶν τόπων αὔξεται καθ᾽ ἑκάστην ἡμέραν ἐμπόριον οὖσα μέγιστον τῶν κατὰ τὴν ᾽Ασίαν ἐντὸς τοῦ Ταύρου. Und in der That nahm sie einen grossartigen Aufschwung; der Handel, welcher beinahe ein ganzes Jahrhundert im Stocken gewesen war, nahm seine frühere Ausdehnung an.

a. Betrachten wir zunächst die Handelsverbindungen, so waren dieselben ungemein vielseitig. Einmal diejenigen mit dem Binnenlande. Zwei grosse Strassen vermittelten da den Verkehr: die eine und wichtigste, deren wir oben gedachten, führte nördlich durch die Kaysterebene und die Engpässe des Tmolus nach Sardis, der Hauptstadt von Lydien, und von da durch Phrygien nach den Euphratländern, die andere südlich durch die Gebirgspässe zwischen Pactyas und Thorax über Kolossae, am Mäander entlang bis nach dem Euphrat hin.[1] Es war das die bekannte Strasse durch Phrygien, Kappadocien, Cilicien, Armenien, Medien über den Halys, Euphrat, Tigris bis an den Choaspes[2], eine Reise von 90 Tagen, ursprünglich freilich nur als Heeresstrasse und für die Reichsverwaltung bestimmt, unter römischer Herrschaft aber allgemein als Verkehrs- und Handelsstrasse angesehen und benützt. Ephesos stand dadurch in Verbindung mit den Völkern bis weit nach Asien hinein, besonders aber bezog es so die Producte aller Völkerschaften diesseits des Taurus. Von Sardis, dem Hauptstapelplatze des Binnenlandes, erhielt es die asiatischen Waaren, um sie per Schiff weiter zu versenden. Zur See gingen die Radien ungemein weit,

---

[1] Herod. VII, 26. 30. 31. Xen. Anab. I, 2. 7.   [2] Herod. V, 52. 53.

einmal nach dem Schwarzen Meere, wo die Stadt in dem grossen Getraidehandel eine bedeutende Rolle spielte [1], sodann nach Griechenland selbst, ferner nach dem reichen Aegypten, mit welchem besonders eifriger Waarenumsatz stattfand, weiterhin nach Italien, vornehmlich Rom, dessen Verbrauch an orientalischen Waaren die grösste Ausdehnung hatte, bis nach Gallien und Spanien. Vergegenwärtigen wir uns nun, dass im Alterthum, welches unser modernes Commissions- und Wechselsystem als Handelsbasis überhaupt nicht kannte, der Kaufmann persönlich mit seinem Waarentransport reiste oder wenigstens einen Stellvertreter mitsandte, so ist klar, welch ungeheuren Fremdenverkehr solch eine Stadt wie Ephesos muss gehabt haben. Aus all jenen Ländern, all jenen Richtungen, die wir kurz angedeutet, kamen die Kaufleute mit Sclaven und Lastthierzügen selbst nach unserer Stadt, und die Ephesier reisten ihrerseits nach allen möglichen Gegenden. Dieser Verkehr aber war gerade deshalb um so mehr abhängig von der äussern Ruhe und Sicherheit der Länder; und nichts konnte ihm günstiger sein als die neue römische Monarchie. In der That hat auch jene Zeit einen Verkehr gehabt, wozu nur noch unsere Zeit eine Parallele bieten kann. Plinius nennt, wo er vom Fremdenverkehr in Ephesos spricht, nur entferntere Völker, gerade um die Grossartigkeit und weite Ausdehnung anzudeuten; er sagt [2]: Verum Ephesum, alterum lumen Asiae, remotiores conveniunt Caesarienses, Metropolitae, Cilbiani inferiores et superiores, Mysi, Macedones, Mastaurenses, Briulitae, Hypaepeni, Dioshieritae. Natürlich war der Handel mit den nächsten Nachbarn ein noch lebhafterer.

b. Gehen wir über zu den Handelsartikeln, so sind

---

dabei zu unterscheiden Artikel, welche als Producte fremder
Länder auf den ephesinischen Markt kamen, und solche,
welche als eigene Producte umgesetzt wurden. Beginnen
wir mit den erstern, so waren zunächst und hauptsächlich
vertreten die Erzeugnisse Vorderasiens. Aus Phrygien [1] mit
seinem ausgebreiteten Ackerbau und der reichen Viehzucht
kam die sehr gesuchte und theuer bezahlte Wolle der
schwarzen Schafe, Angoraziegen und Seidenhasen, um als
Rohstoff für feinere Kleidungsstücke und Prachtgewänder
Verwendung zu finden, ein Stoffartikel, welcher sich in Bezug auf Handel und Industrie der Baumwolle von heutzu-
tage vergleichen lässt. Sardis sandte die Producte seiner
Spinnereien, Webereien, seine kunstvoll bearbeiteten Edelsteine, goldenen und silbernen Geräthschaften, Luxusartikel
und Spielwaaren [2], das umliegende Land seltene Früchte
und Speisen, welche nach Rom Absatz fanden. Babylonien
sorgte für Decken, Wohlgerüche und derartige Gegenstände. [3]
Vom Pontus her bezog man Getraide und von der Donau-
mündung preussischen Bernstein, welcher durch die germa-
nischen Länder über Pannonien dahin gekommen war; die
Kolchier lieferten Flachs und Hanf. [4] Aegypten, mit dem
Ephesos in besonders eifriger Verbindung stand, sodass
eine Insel im Nil den Namen der Stadt führte, war die Be-
zugsquelle für Edelsteine, Perlen, Elfenbein und Seiden-
stoffe aus Indien. [5] Griechenland, wenn es auch damals

---

[1] Vitruv. VIII, 3. 14. Plin. VIII, 190. Strabo XII, 578. Herod.
VII, 30. Xen. Anab. I, 2; V, 14. 5. Plin. VIII, 196. Verg. Aen.
III, 482.

[2] Herod. I, 50. 84; VI, 125. Soph. Antig. 1024 und 1025. Schol.
ad Plin. XXXIII, 80 fg. Verg. Aen. VIII, 402. Plin. XXXVII, 105.
Poll. V, 26. Herod. V, 69. 101.

[3] Athen. XV, 692. Plin. XIII, 18. Hor. Od. II, 11. 13. Mart.
VIII, 28. 18. Arist. Ran. 932. Plin. VIII, 196. Lucret. IV, 1023.
Arrian Anab. VI, 29. 5. Charit. Aphrod. VIII, 6. Plaut. Stich. II,
2. 54. Ulp. Dig. XXXIV, 2. 25.

[4] Strab. XI, 497. Herod. II, 105. [5] Plin. XII, 84; XXXVII, 200.

nicht mehr viel zu bieten hatte, war immer noch reich an
Kunstwerken und sandte ganze Schiffsladungen von solchen
nach den jonischen Städten, besonders von Korinth und
Sicyon aus.[1] ·Spanien mit seinen reichen Silberminen war
ebenfalls in den Handelskreis getreten.[2] Nur Italien, das
Land, welches am meisten Waaren von auswärts bezog,
wohin jährlich auch eine Unmasse von ephesinischen Schiffen
fuhren, war auf dem Weltmarkt so gut wie gar nicht vertreten. Einmal war es verboten, inländische Producte, wie
Wein, Oel, Salz, Eisen auszuführen, sodann war der Römer
ja überhaupt nie Kaufmann; sein Handel war ein durchaus
passiver, d. h. er betrieb keinen Tauschhandel, sondern
was er bedurfte, bezog er gegen baares Geld; nur auf Geld-
handel und Wucher liess er sich ein.

Von mehr Interesse und für die Kenntniss der ephesinischen Verhältnisse ungleich wichtiger ist die Zusammen-
stellung der Handelsartikel, welche die Stadt selbst auf den
Markt brachte. Da ist zunächst zu nennen der ephesinische
Wein. Obschon derselbe nicht zu den besten Sorten gehörte und dem von Chios, welcher, wie bekannt, im Alterthum als der beste (Roth-) Wein angesehen wurde, nicht an
die Seite gestellt werden kann, wurde er doch weithin ver-
sandt. Seine Zubereitung geschah auf sehr künstliche Weise,
indem Meerwasser zu dem dicken Saft der Frucht zugesetzt
wurde.[3] Er scheint sehr schwer und süss gewesen zu sein.
Ob dies auf ein üppiges, sinnliches Leben der Bewohner
hindeutet, wie Gervinus meint, nach welchem solch künstliche Weine ein Anzeichen von verkünsteltem, üppigem, aus-
geartetem Leben sein sollen, darüber lässt sich doch wohl
streiten.

Als ein zweiter Artikel werden Fische genannt, worunter
Plinius besonders der Austern erwähnt.[4] Da der Fisch-

---

[1] Plin. XXXIV, 48. [2] Plin. III, 29.; XXXIII, 96 sq.; XXXIV, 95.
[3] Plin. XIV, 7. 75: nec Ephesium salubre esse, quoniam mari et de-
fruto condiatur. [4] Plin. XXXII, 6. 62: Ostrea ..... acriora Ephesiis.

handel im Alterthum ein sehr bedeutender war, die Hellenen
ausserordentlich viel Fische als das leichte Beiessen zu den
cercalischen Speisen genossen, und besonders die vornehmeren Römer solche Gerichte liebten, so war gewiss der
Handel damit von Ephesos aus ein umfangreicher. Fischfang fand statt auf den nahen selinusischen Flüssen, welche
sich in den Kaystros ergiessen.[1] Strabo[2] berichtet, dass
diese Flüsse der Artemis heilig gewesen seien, also Domäne
des Tempels waren. Es tritt uns hier zum ersten Male die
bemerkenswerthe Thatsache entgegen, welche bis dahin, wie
wir glauben, noch nie gebührend hervorgehoben worden ist,
dass der Handel der einheimischen Producte von Ephesos
zum grössten Theil in den Händen der Priesterschaft oder
doch wenigstens abhängig von ihr war. Es liegt darin ohne
Zweifel auch ein Grund, warum jeweilen der Tempel mit
seinem Cultus u. s. w. solch einen bedeutenden, ja über-
wiegenden Einfluss auf das politische Handeln der Einwohner gewonnen hat. Er hatte nicht nur die Seigneurie, sondern den Grosshandel und, wie wir weiter unten sehen werden, auch den Kunstbetrieb. Indem die Priester so verstanden diese Grundbedingungen der materiellen Wohlfahrt,
ja fast der Existenz der Städter an sich zu ketten, begründeten sie sich eine Macht, welcher entgegenzutreten die
Einwohner selbst die Kraft nicht besassen, sondern, wie
wir gesehen, auf fremde Intervention angewiesen waren.
Der Besitz oben genannter Flüsse war durch den sehr er-
giebigen Fischfang[3] ungemein werthvoll, so dass es die
pergamenischen Könige und, wie nicht anders zu erwarten,
die römischen publicani nicht verschmähten, jene Tempel-
domäne in Beschlag zu nehmen. Artemidorus aber, welcher
als Gesandter deshalb nach Rom geschickt worden, erlangte
vom Senat Rückgabe der Flüsse an die Göttin.[4] Curtius
veröffentlicht im Hermes[5] eine hierher gehörende, inter-

---

[1] Xen. Anab. V.   [2] p. 642.   [3] Xen. Anab. V, 3. 8.   [4] Strabo p. 642.
[5] IV, 187.

essante Inschrift aus Ephesos, worin von τοῖς ἐπὶ τὸ τελώ-
νιον τῆς ἰχθυϊκῆς πραγματευομένοις die Rede ist: darnach
waren jene Flüsse als Haupteinnahmequelle für den Cultus
von der Tempelbehörde an τελῶναι verpachtet.

Ein dritter Artikel war Bergzinnober (Mennig). Als das
eigentliche Land dieses Products galt im Alterthum Spanien,
wie schon aus dem Namen minium hervorgeht, welches ein
spanisches Wort ist; ebenso lieferte Kolchis solches; in
bester Qualität aber wurde der Mennig in der Nähe von
Ephesos gefunden und daselbst auch nach der besten Me-
thode hergestellt. Das Verfahren dabei war künstlich, verbunden mit mehrmaligem Waschen.[1] Der Bedarf an minium in der hellenistischen Culturwelt war ein ausserordent-
licher, weil dasselbe zur Bereitung ihrer schönen Thongefässe
verwendet wurde mit der sogenannten terra sigillata; die
meisten Geschirre der Alten zum wirklichen Gebrauche
waren nicht von Holz, nicht von Metall, sondern auf der
Töpferscheibe geformt.

Ohne Zweifel kam auch der Marmor, welcher am Pion
gebrochen wurde, in den Handel, obschon Ephesos selbst
damals und besonders nach dem Erdbeben denselben ge-
brauchte. Vitruv[2] erzählt, wie der Stein aufgefunden wurde
durch einen Hirten Namens Pixodorus gerade zu der Zeit,
als der grosse Tempel sollte erbaut werden und man um
Material verlegen war. Der Marmor selbst war von verschiedener Güte, aber durchweg candidissimo colore. Wie
eine wirkliche Leidenschaft für Anwendung von Marmor
jeglicher Art in Rom aufkam, weiss jedermann; gewiss
lieferte auch Ephesos seinen Theil dazu.

Ein Hauptartikel aber waren die Sclaven, und nament-
lich, was sehr bezeichnend für die Kenntniss von Ephesos

---

[1] Plin. XXXIII, 7. 14: Optumum, sc. minium, vero supra Ephesum
Cilbianis agris, harena cocci colorem habente; hanc teri, dein lavari
farinam et quod subsidat iterum lavari; vgl. auch Vitruv. VII, 7.
[2] X, 7.

ist, die Eunuchen.[1] Es ist hinlänglich bekannt, wie ausgedehnt der Sclavenhandel im griechischen Alterthum gewesen. Sie dienten als Matrosen und Ruderknechte, sodann in den Werkstätten, Mühlen, Bergwerken. Da der Gewinn vom Verkauf derselben sehr gross war, die Ephesier ihrer sowohl für die Schiffe als die Industrie bedurften, so lässt sich aus der Analogie von Delos, wo nach Strabo[2] oft an einem Tage zehntausend umgesetzt wurden, vorstellen, wie bedeutend dieser Handel in Ephesos muss gewesen sein. Besonders aber gingen von hier aus nach Rom Schaaren von Luxussclaven, welche von den vornehmen Römern zur Unterhaltung und Augenweide bei Gastmählern gezeigt wurden. Solch schöne Sclaven, die „Blüthe Kleinasiens" genannt, sind mit oft fabelhaften Preisen bezahlt worden. In der römischen Kaiserzeit nahm der Gebrauch derselben sehr überhand; sie dienten dann nicht nur als Mundschenke u. dgl., sondern auch als Musiker, Tänzer, Schauspieler. Was ferner den Eunuchenhandel betrifft, so glauben wir nicht mit Unrecht die Behauptung aufstellen zu können, dass er ausschliesslich in den Händen der Priester war; ja noch mehr, diese nahmen die ἐκτομή ohne allen Bezug auf den Cultus nur im Handelsinteresse an den Sclaven vor und unterrichteten sie dann, um sie desto vortheilhafter verkaufen zu können. Dass dieser Eunuchenhandel nicht von den Hellenen betrieben wurde, geht daraus hervor, dass sie bekanntlich einen tiefen Abscheu vor der Verschneidung hatten. Die griechischen und lateinischen Dichter, die Romanschriftsteller, die Schilderungen von Stadt- und Landscenen sprechen vom gallus und archigallus immer mit Verachtung; er ist nach ihnen feist und faul, schmutzig, betrügerisch, verworfen. Strabo deutet es auch an, wenn er bemerkt, dass verschnittene Priester für das Artemision von auswärts bezogen würden, d. h. eben deshalb, weil sich Griechen nicht dazu verstanden. Als Absatzquelle für diese

---

[1] Herod. VIII, 105; VI. 32.　[2] XIV, 985.

Eunuchen diente natürlich der Orient, besonders Persien, wo sie am Hofe die höchsten Stellen bekleideten. Die Perser bedurften ja sehr vieler Eunuchen [1]; wie sich z. B. Darius 500 aus Babylonien und Assyrien liefern lässt.[2] In der römischen Kaiserzeit aber finden wir, dass reiche Römer neben gewöhnlichen Sclaven als Luxus sich auch Neger und Verschnittene hielten; und so möchten wir fast glauben, dass an dem Eunuchenhandel nach Rom Ephesos nicht unbetheiligt geblieben sei.

Endlich sind noch zu erwähnen wohlriechende Salben und Essenzen, besonders Saffran vom benachbarten Berge Tmolus.[3] Bekanntlich wurden dieselben viel stärker gebraucht als bei uns; man erinnert sich der Pomadenstrasse von Capua.[4] Es waren eigentlich Oele, denen man einen guten Geruch gab. Auf den Gymnasien bediente man sich, vornehmlich in den wärmeren Climaten, derselben sehr häufig, um das zu starke Transspiriren der Haut zu verhüten. — Ob auch Honig ein Handelsartikel in Ephesos war, ist nicht bekannt, doch liegt diese Annahme nahe, weil auf den Münzen die Biene als Emblem der Stadt erscheint, was wenigstens auf Bienenzucht schliessen lässt.

2) Wir kommen nun zur Betrachtung der Industrie. Dass dieselbe ebenfalls von grossem Umfange war, unterliegt keinem Zweifel; wir wissen von vielen Gewerben, welche daselbst blühten, entstanden theils aus dem Reichthum des Landes und Meeres, theils aus dem lebhaften Handel und Verkehr, theils sich anschliessend an die Religion, doch scheint der Handel die Gewerbe überragt zu haben, umgekehrt als in Sardis, Pergamum, Tralles, wo die einheimische Industrie Hauptsache war; und zwar geht dies aus folgenden Gründen hervor: einmal war Ephesos der natürliche Verschiffungsplatz der Producte eben jener Industrieplätze wie Sardis u. s. w.; sodann musste der Mün-

---

[1] Herod. VI, 32. [2] Herod. III, 92. [3] Verg. Georg. I, 1. 56. Athen. XV, 689. [4] Plin. XIII, 26.

dungsort der grossen Handelsstrassen, die vortheilhafte Lage am Meer mit ausgezeichnetem Hafen die Einwohner immer mehr auf den Handel verweisen und die Industrie zurücktreten lassen; endlich zeigt die ganze Configuration der Stadtanlage, wie sie heute noch jedem Besucher aus dem ausgedehnten Trümmerfeld entgegentritt, deutlich, dass der Handel überwog; man betrachte nur einmal den Stadtplan, und ein Umstand muss sofort in die Augen springen, dass nämlich alle öffentlichen Gebäude, Gymnasien, Theater u. s. w., bekanntlich die täglichen Zusammenkunftsorte, sich nach dem Hafen hin erstrecken, dass sie mit diesem erst ein vollständiges Ganze bilden. Zudem beweist auch die Geschichte von Ephesos diese Thatsache.

Immerhin aber war die Industrie der Stadt bemerkenswerth. Schon frühe wurden daselbst alle Arten von Metallarbeiten in umfangreichem Massstabe betrieben, wozu die dort befindlichen Rohstoffe Veranlassung gaben.[1] Die lydischen Könige, unter deren Botmässigkeit die Stadt lange Zeit stand, hatten die grössten Gold- und Silberkammern, wie ja der Goldreichthum Lydiens im Alterthum fast sprüchwörtlich war.[2] Verarbeitet wurde das edle Metall in Sardis und Ephesos, wo auch die ersten Münzen für Handelszwecke geprägt wurden.[3] Von dem bedeutenden Stande der Gold- und Silberarbeiten erhalten wir für unsere Periode durch die bekannte Stelle im Neuen Testament Kunde, wo[4] ein gewisser Demetrius gegen den Apostel Paulus einen Aufstand zu erregen sucht, weil derselbe durch Verkündigung des Christenthums sein und seiner Genossen Gewerbe beeinträchtigt glaubt. Ihre Hauptbeschäftigung nämlich war die Fabrication von kleinen Bildchen der Artemis und ihres herrlichen Tempels in Silber, welche Bildchen von den Massen Pilgern als Andenken mit in die Heimat genommen wurden, wie in unserer Zeit z. B. aus

---

[1] Herod. V, 49; I. 93. [2] Soph. Ant. 1019. 1037; vgl. Schol.
[3] Herod. I, 96. [4] Act. Apost. XIX, 24 fg.

Maria-Einsiedeln (Schweiz), wo die Gebrüder Benziger eine der grössten europäischen Kunstanstalten auf solche Nachfrage hin gründeten. Dieser Erwerbszweig stand unter dem Protectorate der Tempelbehörde und muss sehr einträglich gewesen sein. Vielleicht gingen auch viele Tausende solcher grosser und kleiner Bildchen jährlich in die Welt, wie man wohl nicht mit Unrecht aus dem Umstande schliessen kann, dass die Inschriften auf denselben, bekannt unter dem Namen Ἐφέσια γράμματα, magische Kräfte haben sollten und deshalb jene als Amulette dienten, welche an ledernen Riemen und Bändern getragen wurden.[1] Ohne Zweifel gehörte der χαλκεύς, Künstler, Bildner in Bronce, Alexander, welcher dem Apostel Paulus schon so viel Aerger bereitet hatte[2], zu den Metallarbeitern, die an jener Industrie theilhatten, oder wenigstens an dem Schicksal ihrer Kunstgenossen theilnahmen.

Ebenso war bedeutend die Industrie in Stahlwaaren, wurde doch die Kunst, das Eisen dadurch zu härten, dass man es im Feuer glühend machte und dann in Wasser abkühlte, in dem kleinasiatischen Küstenlande erfunden. Nach Xenophon[3] führten die Eisenschmiede und Stahlbereiter den Namen Chalybes.

Berühmt war die Stadt sodann durch ihre grossen Zelttuch- und Teppichmanufacturen, welche Stoffe nach persischem Muster verfertigt wurden.[4] Sie dienten am Tage vielfach als Mantel, Shawl, Nachts als Lagerdecke. Der Apostel Paulus wird wohl in solchen Fabriken sich seinen Lebensunterhalt erworben haben, und es möchte nicht unwahrscheinlich sein, dass gerade diess mit ein Grund seines beinahe dreijährigen Aufenthaltes in Ephesos war, weil er so mit den Handwerkern und Sclaven, welche darin arbeiteten, in ununterbrochener Verbindung stand, sie nach und nach für seine Lehre gewinnen konnte.

---

[1] Vgl. über diese Amulette u. s. w. Cap. IV. [2] Ep. Pauli ad. Timoth. I, 4. 14. [3] An. V, 5. 1. [4] Plut. in Alc. 11; Athen. XV, 534.

Endlich waren daselbst Laboratorien zur Verarbeitung
und Präparation des Bergzinnobers, wie der Pflanzenstoffe
zu Salben und Essenzen. Auch hatte die Stadt grossen
Ruf für ihre Industrie in Schmucksachen, welche als besonders fein und geschmackvoll galten. [1] Der Goldschmuck
der Ephesierinnen war ja so reich, dass sie ihn sogar einmal als Darlehn an den Staat hergaben. [2]
Werfen wir noch einen Blick auf das geschäftliche
Leben, so tritt uns hier wieder die bedeutsame Thatsache
entgegen, dass die Hauptgeschäfte in den Händen der
Artemispriester sich befanden. Vor allem machten dieselben grossartige Geldgeschäfte. Da der Tempel eine der
sichersten Sparbanken des Alterthums war, welche nicht
mit Unrecht mit der modernen Bank von London, was
Sicherheit und Grösse anbetrifft, verglichen wurde, so lag
in demselben stets eine grosse Masse baaren Geldes. Es
geht dies am deutlichsten aus Cäsar's Notiz [3] hervor, wonach Scipio im Bürgerkriege zwischen Cäsar und Pompejus
die alten Geldschätze des Artemisions nehmen will, aber
daran verhindert wird, und aus einer andern Notiz desselben
Autors [4], wonach T. An. Balbus einen ähnlichen Versuch
macht, aber ebenfalls durch Cäsar daran verhindert wird.
Diese Geldsummen nun wurden von der Tempelbehörde
auf Zinsen ausgeliehen. Interessanten Aufschluss hierüber
giebt der schon mehrfach erwähnte Volksbeschluss von
Ephesos zur Zeit des mithridatischen Krieges, welche Inschrift von verhältnissmässig bedeutendem Umfange Le Bas
in seiner voyage archéologique N. 136ᵃ veröffentlicht hat.
Nach derselben bestand unter den Priestern ein eigenes
Collegium, σύστημα, welches mit diesen geschäftlichen Angelegenheiten betraut war. Dieses σύστημα ernannte dann
wieder seinerseits sogenannte ἐκδανεισταί, nach Waddington's
Erklärung: Des intermédiaires ou des prêteurs chargés par

---

[1] Lucian Dial. Meret. VII. [2] Arist. Oec. II, 285. E. [3] De bell.
civil. III, 33. [4] De bell. civil. III, 105.

ces colléges de placer leurs fonds à intérêts; also jene
Tempelbehörde übergab die Geldsummen Unterhändlern
oder Banquiers, wohl zu einem festen Zinsfuss, damit sie
das Ausleihen vermittelten, wobei sie natürlich ihrerseits
wieder ihre Commission hatten. Solch ein Ausleihen wird
ἱερὰ μίσθωσις genannt. — Aber auch über die Manipulatio-
nen der Banquiers giebt uns obige Urkunde Aufschluss.
Einmal nahmen sie Gelder von Privaten als Depositen,
θέμα, an; dieses Anvertrauen von Geldsummen hiess θεμα-
τίζειν. Zum andern liehen sie ihrerseits Geld aus, welche
Operation ἔκχρησις genannt wird, und zwar gegen ein χειρό-
γραφον, eine Handschrift vom Schuldner ausgefüllt, oder
auf ein Unterpfand, ὑποθήκη hin. Die Contracte, welche
die Bedingungen solcher Anleihen, den Zinsfuss u. s. w. ent-
hielten, wurden schriftlich abgefasst und hiessen ὁμολογίαι.
Konnte einer die Bedingungen nicht erfüllen, nach verflos-
senem Termin seine Schuld nicht bezahlen, so wurde er von
der Liste der Bürger bis zur Abzahlung gestrichen; solche
Leute hiessen οἱ παραγεγραμμένοι. Ebenso werden in der
Inschrift Handelscontracte erwähnt, welche sich auf mari-
time Unternehmungen [1] bezogen und augenscheinlich von
grossem Umfang müssen gewesen sein. — Wie sodann weiter
aus derselben hervorgeht, vermiethete der Tempel auch
seine heiligen Grundstücke, welche Operation ebenfalls an
Unterhändler oder Geschäftsleute abgegeben wurde, wie
auch die der Artemis geweihten Flüsse Selinus, deren Fischfang ergiebig war.

Zeigen schon diese Nachrichten, welch eine Bedeutung
Ephesos besonders als Geldmarkt hatte, so legt uns eine
sehr wichtige Notiz bei Cicero die Vermuthung nahe, dass
neben den Hellenen besonders auch römische Banquiers
ihren Sitz daselbst hatten. Als Cicero sich nämlich in
Ephesos aufhielt, befanden sich daselbst die Zehentpächter
von Vorderasien. [2] Diese publicani hatten also zu jener

---

[1] Σομβόλαια ναυτικά oder συγγραφαί ναυτικαί.   [2] Cic. ad. Att. V, 13.

Zeit ihr Standquartier in unserer Stadt, und diess ohne
Zweifel aus keinem andern Grunde, als weil sie daselbst
ihre Geldsummen am profitabelsten ausleihen konnten. Wir
wissen nun besonders aus Plutarch, De vitando aere alieno,
wie diese Herren Banquiers und Wucherer mit Hülfe einer
Menge Agenten und Gehülfen Gelder auf den Ertrag der be-
vorstehenden Ernte oder auf Grundstücke u. dgl. zu einem
sehr hohen Zinsfuss ausgeliehen und die Schuldner nach
und nach an den Bettelstab zu bringen wussten. Diess
hatte zunächst wohl üble Folgen für die Prosperität der
Bewohner, allein es verursachten die Anwesenheit jener
Römer, ihre Geschäftsmanipulationen, eine bedeutende Stei-
gerung des geschäftlichen Verkehrs der Stadt, welche die
Bedeutung derselben als Handels- und Geldmarkt des Ostens
nur heben und befördern konnte.

§ 2. Wissenschaft und Kunst.

Es ist ein characteristisches Merkmal der jonischen
Stadt Ephesos, dass sie nicht wie so viele andere Handelsstädte, welche ebenbürtig neben ihr standen, sich von dem
Handelsinteresse hat völlig absorbiren lassen, dass sie es,
so lange ihre Existenz dauerte, verstanden hat, beide grosse
Gebiete, auf denen sich vornehmlich das öffentliche Leben
bekundet, gleichmässig zu beherrschen, keines auf Kosten
des andern überwiegend zu cultiviren, sondern jene Vielseitigkeit und Fülle sich zu bewahren, welche im innersten
Character des jonischen Elementes beruht. In dieser un-
vergleichlich leichten und freien Wechselseitigkeit des Be-
fruchtens durch beide Gebiete, sowohl das des Handels
und Verkehrs, als das der Wissenschaft und Kunst, darin
hat sich Ephesos am schlagendsten als hellenische Stadt
bekundet. Ein Hauch von Jugendkraft weht uns aus dieser
blühenden Stadt entgegen, der, stets geistig anregend und
belebend, ihre Bewohner jung erhalten hat.

Und so kann es uns denn nicht wundern, wie auch auf
dem Gebiete der Wissenschaft und Kunst die Friedenszeit
unter den ersten römischen Kaisern den wohlthätigsten
Einfluss ausgeübt hat. Zwar eine positiv neuschaffende Periode ist sie, was das geistige Gebiet betrifft, nicht gewesen,
— dazu war die innere Kraft nicht mehr vorhanden —;
aber eine Allgemeinheit der Bildung, ein Insichaufnehmen
der von den Vorfahren überlieferten Bildungselemente, ein
cosmopolitisches Insichvereinigen von Geistesproducten aller
damals bekannten civilisirten Länder fand in jenem Jahrhundert statt, wie kaum zuvor. Dass gerade darin eine
Stadt wie Ephesos, welche durch ihre natürliche Lage als
Vermittlungspunct zweier grosser Welttheile und damit
zweier Culturwelten, durch ihren ungeheuren Fremdenverkehr berühmt war, sich auszeichnen musste, liegt auf der
Hand. Zwar treten uns aus dieser Periode keine grossen,
bedeutenden Männer auf wissenschaftlichem Gebiete entgegen wie in seiner früheren Blüthezeit, wo Dichter wie
Kallinos, Hipponax und vielleicht selbst Homer glänzten,
wo der grösste Philosoph vor Socrates Herakleitos der
Dunkle sein ewig wahres πάντα ῥεῖ gesprochen hat, aber
eine reiche Vielseitigkeit, eine Allgemeinheit wissenschaft-
licher Bildung, eine Intelligenz tritt uns entgegen, deren
Bedeutung nicht zu unterschätzen ist. So sagt Apollonius
von Tyana [1]: Ἔφεσος μεστὴ φροντισμάτων φιλοσόφων τε καὶ
ῥητορικῶν, ὑφ᾽ ὧν ἡ πόλις.... ἰσχύει σοφίαν ἐπαινοῦσα; und
Vita Soph. II. 18: Τῆς Ἰωνικῆς ἰδέας.... σπουδαζομένης
μάλιστα ἐν τῇ Ἐφέσῳ.

Ephesos war einer jener Studiensitze, welche von der
damaligen Jugend, besonders jungen Römern, sehr fleissig
aufgesucht wurde. Es hatte philosophische Schulen jeglicher Richtung, besonders der damals herrschenden vier
Hauptrichtungen, der academischen, peripatetischen, stoischen, und epikuräischen, wovon die drei ersteren sich frei-

---

[1] Bei Philostratus VIII, 7. § 8.

lich schon bedeutend einander annäherten; die theoretischen Unterscheidungslehren verloren an Bedeutung, als Hauptsache traten die practischen Fragen in den Vordergrund mit der vorwiegenden Neigung sich mit den abweichenden Standpuncten zu verständigen, aus den verschiedensten Systemen das Wahrscheinliche je nach dem practischen Bedürfnisse herauszunehmen, ganz dieselbe Tendenz, welche auch auf andern Gebieten uns begegnet. So erwähnt Cicero De Nat. Deor. 2 einer peripatetischen Schule, die er in Ephesos besuchte, wo ein gewisser Phormio Vorlesungen hielt über die Pflichten eines Soldaten und Officiers, ohne über diesen Gegenstand genügende Kenntniss zu haben; wozu Falkener, Ephesus p. 134, ganz richtig bemerkt: Phormio is not the only lecturer of this class. In den Hörsälen dieser Philosophen und Sophisten wurden denn alle möglichen und unmöglichen Dinge behandelt. Als ächte Jonier waren ja die Ephesier novi cupidi; alles Neue, alles Piquante fand bei ihnen ein williges, aufmerksames Ohr. Und so musste denn auch Paulus mit seiner ganz neuen Lehre Aufsehen machen. Als er die jüdische Synagoge aufzugeben sich genöthigt sah, trug er, wie sonst ein Sophist, seine Ansichten vor in dem Hörsaal eines Philosophen Namens Tyrannos. Denn, dass unter dem σχολὴ Τυράννου [1] nicht, wie noch Meyer in seinem Commentar behaupten will, eine Privatsynagoge eines jüdischen Lehrers Tyrannos zu verstehen ist, sondern der Hörsaal eines griechischen Rhetors scheint uns klar zu sein. Nirgends sonst wird mit σχολή eine Privatsynagoge bezeichnet, sondern es ist der terminus technicus für den Hörsaal eines Rhetors, Philosophen u. s. w. Hätte Paulus wirklich nur in einer Synagoge seine Lehre vorgetragen, so ist nicht einzusehen, wie er solch eine grosse Aufregung gerade unter den Hellenen hervorbringen konnte; jener Aufruhr lässt sich in seiner Allgemeinheit nur dann begreifen, wenn Paulus seine Lehre

---

[1] Act. Apost. XIX, 9.

an den gewöhnlichen Orten, wo wissenschaftliche Vorträge
gehalten wurden, dem Publicum zur Kenntnissnahme brachte.
Um einen Mann, der in der abgeschlossenen Judensynagoge
und nachher in einer Privatsynagoge neue Ansichten geltend machte, hätten sich gewiss die Hellenen nicht geküm-
mert, ja ihn wohl kaum bemerkt, da sie von Hass gegen
die Juden beseelt sich von ihrer Gemeinschaft fern hielten.
Paulus konnte nur dann bei ihnen sich einen Wirkungs-
kreis erringen, wenn er da sich aufhielt, wo der Puls des
öffentlichen wissenschaftlichen Lebens schlug; und das sind
eben die σχολαί der Philosophen und Rhetoren.

Neben den bereits genannten vier Schulen, denen sich
die eclectische und sceptische anschlossen, musste aber
gerade in Ephesos eine Richtung um sich greifen, die bei
der Ueberzeugung, dass ein Wissen im vollen Sinne unmöglich sei, die Neigung hegte, die Wahrheit ausser dem
Kreise des menschlichen Wissens in unmittelbaren göttlichen Offenbarungen zu suchen. Wir sagen „gerade in
Ephesos", weil diese Tendenz nirgends schärfer hervortrat
als da, wo griechische Philosophie sich mit orientalischer
Religion berührte, unsere Stadt aber eine solche Stätte im
eminenten Sinne war, da ja der ganze prädominirende
Cultus der Artemis orientalischen Character [1] hatte. Diese
Schule, bekannt unter dem Namen der neupythagoräischen,
hatte ihren Hauptbegründer an dem Kappadocier Apollonius von Tyana, welcher unter Claudius und Nero längere
Zeit in Ephesos verweilte [2] und vielleicht auch daselbst
gestorben ist. Aus der stark idealisirten Darstellungsweise
des Philostratus lässt sich so viel mit Sicherheit heraus-
nehmen, dass Apollonius durch seine magischen und the-
urgischen Künste die Ephesier zu fesseln verstand, dass er
als begeisterter Pythagoräer viele Anhänger unter denen
fand, die mit den orphisch-pythagoräischen Mysterien bereits durch den Cultus des Bacchos, der ja überall mit

---

[1] S. Cap. IV, § 1. [2] Philostratus, Vita Apoll. IV, 1—4. 10.

diesen verbunden war, bekannt geworden [1], dass er endlich
vornehmlich die practischen Wirkungen der Philosophie,
religiöse Gesinnung, Heiligkeit und Reinheit des Lebens,
Ascese betonte und selbst ein sehr strenges, den Magiern
ähnliches Leben führte. Besondern Eingang scheint er
unter der zahlreichen Judenschaft gefunden zu haben, welche
ähnlich wie die Diaspora zu Alexandrien, mit hellenischer
Bildung vertraut, eine Vorliebe zu den orphisch-pythagoräischen Mysterien hatte und bald dem Neupythagoräismus
zufiel. Wie grossen Einfluss diese theosophische Richtung
unter den Juden und später unter den aus ihrem Kreise
hervorgegangenen Christen gewann, zeigen am schlagendsten die zum Theil pseudo-paulinischen Pastoralbriefe im
Neuen Testamente, wo wir bereits deutliche Merkmale des
Neupythagoräismus in den bekämpften Irrlehren, wie dem
religiösen Dualismus, den γενεαλογίαι vermittelnder höherer
Geister, der Ascese, finden, und welche nur aus dieser
Voraussetzung sich erklären lassen.

Ausser dieser damals wohl vorherrschenden Richtung
treffen wir aber auch Vertreter des grossen Ephesiers
Herakleitos in den noch vorhandenen, sogenannten „Heraklitischen Briefen", auf welche hier näher einzugehen um
so eher der Platz ist, da sie für die Kenntniss des Sittenzustandes der Stadt von Bedeutung sind. Wir folgen dabei den scharfsinnigen Untersuchungen, welche Jacob
Bernays [2] angestellt hat. Aus diesen neun Briefen geht
nämlich als erste Thatsache hervor, dass die Werke Heraklit's im ersten christlichen Jahrhundert und noch später
eifrig gelesen und studirt wurden, ja dass sie ein Gemein-
gut der Ephesier, diese durch und durch mit den Ansichten
ihres grossen Philosophen vertraut waren. [3] Diesen Um-

---

[1] Strabo X, 468. 469. 474; XIV, 640. [2] Die Heraklitischen Briefe,
Berlin 1869. [3] Vgl. über Heraklit die treffliche Abhandlung von
Dr. P. Schuster, Heraklit von Ephesus, Leipzig 1873; Diogen. Laert.
IX mit den Observationes Aegidi Menagii.

stand benützten nun Philosophen und Literaten, um ihren
Producten mehr Ansehen und Gewicht zu geben, und
fingirten Briefe, welche Heraklit geschrieben haben sollte.
Neun solcher Briefe — es gab deren vielleicht eine grosse
Zahl — sind uns noch erhalten; aus ihrem Inhalt geht
hervor, dass sie nicht vor dem ersten christlichen Jahrhundert verfasst sein können, da deutlich biblische Anschauungen und Sätze darin vorkommen. Die drei ersten,
einen Briefwechsel mit Darius enthaltend, haben eine und
dieselbe Person zum Verfasser, sind aber von sehr wenig
Interesse; um so wichtiger ist der vierte, siebente und
neunte, da sie „während der Zeit der grossen Religions-
scheide in den noch unterdrückten biblischen Kreisen"
entstanden. Was zunächst den vierten, überschrieben:
Heraklit an Hermodor, anbetrifft, so deutet eine Stelle in
demselben selbst an, dass er 500 Jahre nach Heraklit, also
im ersten christlichen Jahrhundert verfasst wurde. Sodann
ergeben sich zwei verschiedene Richtungen, einmal eine
philosophische, welche die griechische Mythologie nicht
gänzlich verwirft, sondern zu vergeistigen sucht, welche
ferner den tugendhaften Menschen vergöttert und die Un-
sterblichkeit des Geistesruhmes erstrebt, und eine jüdische
oder christliche Richtung. [1] In Beziehung auf die letztere
stellt Bernays die höchst wahrscheinlich richtige Hypo-
these auf, dass ein Jude oder Christ die Angriffe des
Philosophen gegen den Götterglauben überarbeitet und
ihnen eine schärfere bilderstürmerische Beimischung gegeben
habe, sodass sich also dieser vierte Brief als das Mach-
werk eines (stoischen) Philosophen ergiebt, überarbeitet
von einem Juden oder Christen. [2] Der fünfte und sechste
Brief, an Amphidamas gerichtet, ist nach Bernays von
demselben Verfasser wie der vierte. In ihnen tritt die
religiöse Polemik zurück, dagegen wird die von den da-

---

[1] Bernays, a. a. O., p. 27.   [2] Vgl. über den Inhalt dieses wie des
siebenten und neunten Briefes unten Cap. III, § 3.

maligen Aerzten geübte physiologische Praxis, die falsche Arzneikunst, bekämpft. Der siebente und neunte Brief sodann, an Hermodor gerichtet, deuten beide auf ein unerschüttertes Fortbestehen heidnischer Sitten und Culte, gehören also ebenfalls in die Zeit des ersten christlichen Jahrhunderts. Sie geben eine anschauliche Darstellung des häuslichen und öffentlichen Lebens, wobei die Sittenverderbniss scharf gegeisselt und stoische Ethik angepriesen wird. Der achte Brief endlich, ebenfalls an Hermodor, enthält eine Schilderung der römischen Herrschaft über Asien, welche noch in unvermindertem Glanze ist, weshalb die Abfassungszeit ungefähr dieselbe sein wird wie die des siebenten und neunten Briefes.

Aus diesen Briefen nun geht mit Evidenz hervor, dass im ersten christlichen Jahrhundert in Ephesos ein ungemein reges wissenschaftliches Leben herrschte, dass die stoische Lehre mit ihrem Cosmopolitismus eine grosse Anhängerzahl muss gehabt haben, und dass vornehmlich Heraklit's Ansichten, welche dem Publicum genau bekannt waren, zahlreiche Vertreter fanden; endlich dass wissenschaftliche wie religiöse Probleme fleissig discutirt und dabei auf literarischem Gebiete polemisirt wurde. Auf der andern Seite aber giebt diese pseudepigraphische Literatur ein Zeugniss von der ganzen Art des damaligen Schriftwesens. Aus sich selbst heraus, aus eigener Kraft und Gedankenschärfe vermag selbst der gebildete Jonier nicht mehr etwas Neues zu schaffen. sondern er lehnt sich an einen Heros frühester hellenischer Gedankenarbeit und weiss nur noch so seinem religiösen Polemisiren und seinem Moralpredigen Nachdruck zu geben. Ist diess Letztere allerdings eine Art testimonium paupertatis, so zeigt doch die allseitige Bekanntschaft mit den verschiedensten philosophischen Systemen und Richtungen sowie die Voraussetzung einer solchen bei den Lesern, wie verhältnissmässig gross die damalige wissenschaftliche Bildung in Ephesos war.

An die bisher besprochenen philosophischen Schulen reiht sich als ebenbürtig eine grosse Academie für Aerzte. Solche Bildungsanstalten finden wir in jener Zeit überall verbreitet und stark besucht, da nach Xenophon [1] jeder practicirende Arzt eine Concession vom Staate zur Ausübung seines Berufes haben musste, welche er nur dann erhielt, wenn er den Ausweis geben konnte, irgend eines Arztes Schüler gewesen zu sein. Bringt man ferner in Anschlag, dass die griechischen Aerzte den grössten Ruf genossen, so lässt es sich leicht denken, wie die studirende römische Jugend solch gefeierte Männer aufsuchte. In Ephesos nun wurde die Medicin eifrig betrieben; ja es gab sogar eine ganze Medicinerfamilie, wo der Beruf vom Vater auf den Sohn überging. [2] Einen bedeutenden Namen hatte Xenocrates, dessen Plinius [3] erwähnt: qui nuperrime scripsit, welcher also unter Nero lebte.

Ebenso bedeutend muss die Rhetorenschule gewesen sein. Ἔφεσος μεστὴ φροντισμάτων ῥητορικῶν sagt Apollonius von Tyana [4], und Strabo erwähnt als hervorragend den Rhetor Ἀλέξανδρος, der circa 50 a. Chr. lebte und den Beinamen Λύχνος führte, und setzt hinzu: ὃς καὶ ἐπολιτεύσατο καὶ συνέγραψεν ἱστορίαν καὶ ἔπη κατέλιπεν, ἐν οἷς τά τε οὐράνια διατίϑεται καὶ τὰς ἠπείρους γεωγραφεῖ, καϑ' ἑκάστην ἐκδοὺς ποίημα. [5] Sodann ist hierher zu zählen der in Act. Apost. XIX. 19 erwähnte Tyrannos. Doch erreichte diese Schule ihre höchste Blüthezeit erst unter Trajan und Hadrian, wo Männer wie Lollianus, Nicetes, Dionysius und besonders der gefeierte Damianus das grösste Ansehen genossen.

Am berühmtesten aber war wohl die ephesinische Malerschule. Nach Diodor [6] begann sie fünfzig Jahre nach der Niederlage von Xerxes, als die Künstler, welche bis dahin

---

[1] Mem. IV, 2. 5.　[2] C. I. Gr. 2987: ἀρχίατρος διὰ γένους.　[3] Hist. Nat. XXXVII, 11.　[4] Bei Philostratus VIII, 7. § 8.　[5] XIV, 642.　[6] Sic. XII, 1.

zu Athens Glanze beigetragen, aber in der verarmenden,
oder wenigstens alle Mittel auf die Vertheidigung wendenden Stadt bald nach dem Beginn des peloponnesischen
Krieges keine Beschäftigung mehr fanden, sich der reichsten Stadtgemeinde am Kayster zuwandten. Um 420 a. Chr.
war ihr Haupt Evenor; ihm folgte sein berühmter Sohn
und Schüler [1] Parrhasius, welcher sich in vollem Selbstbewusstsein seiner Grösse König der Maler nannte und in
Purpur mit goldener Krone einherging. Unter seinen
Nachfolgern glänzte Zeuxis, von dem bekanntlich erzählt
wird: er habe sich beim Anblick eines von ihm selbst gemalten komischen alten Weibes zu Tode gelacht; dann der
bescheidene Apelles, wegen dessen weltberühmten Bilde
Alexander's des Grossen noch in der Kaiserzeit alljährlich
Tausende nach Ephesos strömten; endlich Clesides, Theodorus u. a. m. Bringen wir nun in Anschlag, welche
Malergrössen die genannten Künstler waren [2], so lässt sich
leicht begreifen, wie in unserer Periode, wo die römische
Jugend wie nie zuvor Jonien besuchte, Hunderte und Tausende die Gemälde jener Meister aufsuchten, wie sich aber
auch Maler dort niederliessen, theils um diese Werke zu
copiren, theils um sie zu studiren und an ihnen sich zu
vervollkommnen.

Endlich ist noch zu nennen die Schule der Sculptur
und Architectur. Ihre Glanzzeit fällt zwar ebenfalls in die
frühere Zeit, um so mehr aber zog der Umstand an, dass
die Werke der höchsten Blüthe für jeden Besucher zur
Besichtigung aufgestellt waren; galt doch die Stadt eben

---

[1] Fragm. Jubae Maurit. VIII.

[2] Wir dürfen natürlich nicht unsern modernen Massstab an die
antiken Producte der Malerei legen, wie auch nicht an die der Musik;
denn den Alten fehlte das eigentliche Gefühlsleben, dessen Offenbarung gerade die Musik ist, und das sich bei der Malerei in der Licht-
und Schattenvertheilung, sowie besonders dem Hintergrunde eines
Gemäldes zeigt, auf dem sich die tieferen Gefühle hervorheben, Vorzüge der modernen Malerei, welche das Alterthum nie kannte.

wegen ihrer Masse Kunstgegenstände für eine der schönsten Städte Joniens. Und was das zu sagen hat, geht aus der Prunkrede eines Aristides hervor, welcher im Jahre 161 a. Chr. rühmte: „Jonien stehe durch Glanz und Schönheit an erster Stelle; und um wie viel es früher durch Anmuth und Schmuck andere Länder überragte, um so viel habe es selbst im Verhältniss zu seiner eigenen Vergangenheit gewonnen." Hier arbeiteten einst Rhöcus, Agasias, Praxiteles, Scopas und vor allem der unsterbliche Phidias, von deren Meisterwerken die Stadt voll war, und die zum Theil mitgewirkt hatten am Prachtbau des herrlichen Tempels, eines der antiken sieben Weltwunder, mit seinen riesigen Säulen, seinen Sculpturen u. s. w. Unter der Ruhe und Wohlfahrt des Reiches, unter dem Schutze lang erprobter Gesetze und einer gewissenhaften Verwaltung, welche selbst ein Nero nicht erschüttern konnte, setzte die Metropole Joniens ihren Stolz darein, immer schönere Bauten aufzuführen; und als jenes Erdbeben die Stadt zerstörte, erstand sie nur um so schöner und prächtiger. Nicht nur die Bürgerschaft als solche, auch Privatleute wetteiferten in der Herstellung von Glanzbauten.

Um die öffentlichen Unternehmungen zu bestreiten, wurden die regelmässigen städtischen Einnahmen erhöht. Wer irgend ein Ehren- oder Priesteramt bekleiden wollte, musste ein nicht unbedeutendes Ein- oder Antrittsgeld in die Stadtkasse bezahlen. Reiche Kaufleute, welche ihren Namen verewigen wollten, stifteten Legate zur Verschönerung der Stadt; auch wurde freiwillig von den Bürgern zu diesem Zwecke beigesteuert. Vitruv [1] berichtet von der nobilis et ampla civitas Ephesi, dass ein altes Gesetz bestanden habe, wonach Architecten, welche ein öffentliches Gebäude zur Ausführung übernahmen, zuvor einen Kostenanschlag einreichen sowie ihr Privatvermögen als Sicherheit beim Magistrat deponiren mussten; überstiegen die

---

[1] X. praef.

Kosten des Baues nach seiner Vollendung den eingereichten Anschlag um den vierten Theil, so wurde die Mehrausgabe von des Mannes Vermögen abgezogen, entsprach er dagegen den Auslagen, so erhielt jener sein ganzes Vermögen sammt reichen Ehrenbezeugungen zurück. Vitruv war von dieser Einrichtung so hingenommen, dass er ausruft: Utinam Dii immortales fecissent, ut ea lex etiam P. R. non modo publicis, sed etiam privatis aedificiis esset constituta!

Das eigentliche Kunstmuseum der Stadt war der Artemistempel mit seinen Nebengebäulichkeiten und seinem Lusthaine Ortygia innerhalb des Peribolos. Es ist hier der Ort, auf den Inhalt des gewaltigen Tempelgebäudes näher einzugehen.[1] Zunächst die Kunstdarstellung der Göttin. Nach Act. Apost. XIX. 35 rühmten sich die Ephesier, dass das ursprünglichste Bild derselben ein Διοπετές sei, d. h. ein vom Himmel gefallenes, also nicht von Menschenhand gemachtes, ein mythischer Zug, welchen wir im Alterthum vielfach treffen. Diess Bild war nach Kallimachus[2] aus Buchenholz, nach Dionysius[3] aus Ulmenholz, nach Vitruv[4] aus Cedernholz, nach Plinius[5] aus Rebenholz[6], nach Xenophon[7] endlich aus Gold. Dass Xenophon nicht dasselbe Bild meint wie die andern Autoren, ist klar; es haben, wie Falkener[8] ganz richtig vermuthet, zwei, vielleicht mehrere Bilder existirt, was auch von Cäsar[9] bestätigt wird, wo von ceterasque ejus Deae statuas die Rede ist. Einmal das uralte Gnadenbild aus Holz der Weinrebe, welches von den ersten Ansiedlern schon heilig gehalten wurde und sich bei regelmüssiger

---

[1] Eine kurze Beschreibung sowie Geschichte des Tempels findet sich Beilage I.
[2] Hymn. in Dian. 239. [3] Perieg. 828, 9. [4] II, 9. [5] XVI, 40.
[6] Wobei Plinius sich auf Mucianus', des dreimaligen Consularen, Aussage stützt, aber bemerkt, dass viele behaupten, es sei aus Ebenholz.
[7] Anab. V, 3. 12. [8] Ephesus and the Temple of Diana, London 1862.
[9] De bello civili III, 33.

Salbung unverändert erhielt; die Priester erzählten davon,
es habe die angeblich sieben Erneuerungen des Tempels
unversehrt überdauert. [1] Dass dieses unförmliche Stück
Holz bei dem steigenden Glanze der Stadt und besonders
nach Vollendung des Prachttempels den Ephesiern nicht
mehr genügen konnte, ist leicht erklärlich, weshalb wir
ein zweites, kunstvoll in Gold (und Elfenbein) gearbeitetes
Bild nach Xenophon's Notiz annehmen müssen. Die Göttin
wurde dargestellt als eine weibliche Person, mit hinter-
wärts verschleiertem Kopfe, auf dem eine Mauerkrone
war, mit einer Menge von Brüsten, daher πολύμασ-ος, multi-
mammia genannt; und unter diesen Köpfe von Löwen,
Kühen, Hirschen, daneben Bienen sowie symbolische Thier-
compositionen; in den Händen zwei bis zu den Füssen
reichende Stäbe.

Ein zweites Kunstwerk war der prachtvoll gewirkte Tep-
pich oder Vorhang, παραπέτασμα, welcher das Bild verhüllte
und jeweilen vor den andächtigen Pilgern durch die Priester
aufgezogen wurde, eine heilige Sitte, wie wir sie auch in
den ägyptischen Tempeln finden, wo Cultusthiere gepflegt
wurden. Da, wie wir oben gesehen, Ephesos berühmte
Teppichmanufacturen hatte, so lässt sich denken, wie kost-
bar und glänzend dieser Vorhang muss gewesen sein.

Als drittes ist zu nennen der ohne Zweifel reich ver-
goldete Wagen, ἱερὰ ἀπήνη, carmentum, auf welchem an
besonders hohen Festtagen das geschmückte Artemisbild
durch die Stadt gefahren wurde, gezogen von Maulthieren
oder von Hirschen, seltener von Hunden. [2]

Abgesehen von diesen drei, eng zum Cultus gehörigen
Gegenständen barg der Tempel Werke, welche nur zum
Schmuck desselben dienten. Ihre Zahl war eine unermess-
lich grosse; eine Vorstellung lässt sich kaum davon machen,

---

[1] Plin. XVI. 79: Vitigeneum — multis formaminibus nardo riga-
tur, ut medicatus humor alat teneatque juncturas.
[2] Vgl. Falkener, a. a. O., p. 303.

wie reichhaltig und mannichfaltig diese Kunstausstellung
gewesen ist. Plinius [1] sagt daher, man könnte mit der
Beschreibung aller jener Kunstwerke ganze Bände füllen.
Vitruv [2] nennt unter den weltberühmten Heiligthümern,
welche so reich an Schätzen, Gemälden, Sculpturen gewesen seien, dass es den Anschein gehabt, als ob die Götter
selbst darin ihren Wohnsitz aufgeschlagen hätten, an erster
Stelle den Artemistempel zu Ephesos. Ueber den Inhalt
desselben haben wir nur gelegentliche Notizen. So berichtet
Herodot [3], dass Krösus der Artemis als Weihgeschenk goldene Kühe gestiftet habe [4], Strabo [5], dass daselbst eine
ganze Reihe von Sculpturen von der Meisterhand des Praxiteles und Thrason die Aufmerksamkeit auf sich zogen.
Weiter sind uns bekannt Statuen von Amazonen, welche
nach Plinius [6] von fünf Künstlern verfertigt wurden, nämlich Phidias, Ktesiphon, Cydon, Phradmon und Polycletus.
Parrhasius lieferte eine Reihe von Gemälden [7]; sogar einer
Künstlerin, Timarete, Tochter des Nicon, erwähnt Plinius [8],
deren Meisterstück, eine Artemis darstellend, berühmt war
als eines der bedeutendsten Wandgemälde. Ebenso fessel-
ten die Blicke zwei Gemälde von Kalliphon [9], dann ein
Ulysses von Euphranor, ein Palamedes von Timanthes. Als
bedeutendste Sehenswürdigkeiten des Tempels aber galten
die Wunderwerke des Apelles, vor Allem sein Alexander
der Grosse mit dem Donnerkeil [10], wohl eines der berühmtesten Bilder des Alterthums, von welchem Aelian [11] die bekannte Anecdote erzählt, dass nämlich Alexander selbst
keinen Gefallen daran gefunden habe, während sein Pferd
gegen dasjenige auf dem Bilde wieherte; der Kunsträuber
Verres stahl diese Perle; dann seine Artemis inmitten eines
Chors von opfernden Jungfrauen, ferner sein Megabyzus,

---

[1] Hist. Nat. XXXVI, 21. [2] VII. praef. [3] I, 92. [4] Die Kühe gehörten
unmittelbar zum semitischen Gestirndienst; s. Cap. IV. § 1. [5] XIV, 641.
[6] XXXIV, 19. [7] Plin. XXXV, 36. [8] XXXV, 40. [9] Von denen Pausanias
(V, 19) eine Beschreibung giebt. [10] Plin. XXXV, 36. [11] Hist. Var. II, 3.

der Oberpriester im Festornat, endlich Klitus zu Pferd im
vollen Kriegsschmuck.[1] Hieher ist ferner zu zählen „das
Grab des Megabyzus" von Nikias; und noch viele andere.[2]
Derselbe Schriftsteller berichtet auch von acht prachtvollen
Vasen, in Silber gearbeitet von Mentor, welche einst den
Tempel schmückten, aber zu seiner Zeit nicht mehr vorhanden waren.[3] Vom gleichen Künstler befand sich ausserdem eine Statue der Artemis daselbst und eine goldene
Statue des Artemidorus, welche die dankbare Stadt diesem
für seine Dienste im Tempel gestiftet hatte. Als Antiquität
wurde aufbewahrt das philosophische Werk des Herakleitos[4],
dann ein ψαλτήριον des Alexander von Kythera.[5] — Die
Hauptstatuen im Tempel waren von einem Gehege umgeben, um sie vor den Besuchern zu schützen; die schönsten Gemälde wurden in einem besondern Gemache, οὔκημα,
aufbewährt; den Altar endlich umgab eine Steinfassung,
θρίγγος, welche wiederum mit Statuen und dem Bilde einer
weiblichen Person geschmückt war, welches durch Rhöcus
verfertigt, von den Ephesiern „Nacht" genannt wurde.[6]
In unmittelbarer Nähe des Tempels, auf dem freien Vor-
platze, standen die vier grossen Bildsäulen der siegreichen
Spartaner, des Atheners Timotheus und des ephesinischen
Faustkämpfers.[7] Daran schloss sich der heilige Hain Ortygia, in welchem geweihte Thiere und Vögel, oft der sel-
tensten Art, gehalten wurden.

Nehmen wir zu all diesem Glanze noch hinzu, dass auch
die Privathäuser, reich geschmückt, Zeugniss des hohen
Kunstsinnes ablegten, so leuchtet von selbst ein, wie Ephe-
sos, dieses lumen Asiae, auf dem Gebiete der Kunst eine
solche Fülle von Sehenswürdigkeiten aller Art, ein solches
Feld für Künstler bot, dass es als eine der interessantesten
Städte von nah und fern besucht wurde, sein alljährlicher
Fremdenzufluss ein ungeheurer war.

---

[1] Plin. XXXV, 36. [2] Plin. XXXV, 40. [3] XXXIII, 55. [4] Diog. Laert.
IX, 1 und 6. [5] Athen. IV, 183. [6] Paus. X, 38. [7] Paus. VI, 3 und 4.

Neben den bisher besprochenen Künsten, welche eine
pflegende Stätte an der Kaystermündung gefunden, hatte
auch die Schauspielkunst, die Mimik, der Gesang eifrige
Anhänger, welche in dem prachtvollen Theater am Fusse
des Pion auftraten. Tragödien und Comödien, Sangspiele
und Ballete gingen da über die Bühne in der glänzendsten
Ausstattung. Als besonders grossartig rühmte man die
Schauspiele, welche bei den κοινά, den Festversammlungen
zu Ehren des Kaisers unter dem Vorsitz und auf Kosten
des Oberpriesters veranstaltet wurden und zu denen die
Bevölkerung von ganz Asia in die Stadt strömte. Der
Reichthum der letztern an Schauspielern, Mimikern, Sängern
zeigt sich auch darin, dass viele derselben nach Rom in
die Kaisertadt gingen. Dorthin begann es ja damals schon
zu wandern von allen Theilen des unermesslichen Reiches.
So wird in einer Inschrift eines Ephesiers an der Tiber erwähnt, der in Comödien auftrat.[1]

§ 3. Oeffentliches und häusliches Leben, Kleidung und Nahrung, weibliches Geschlecht, Sittenzustand.

Ein so reiches Leben uns auf dem Gebiete des Handels
und der Industrie wie der Wissenschaft und Kunst ent-
gegengetreten ist, ein um so niederschlagenderes Gefühl
überkommt uns, wenn wir unsern Blick auf die sittliche
Seite des ephesinischen Lebens in jener Zeit werfen. Wie
sich die Leistungen in geistiger Beziehung, so zahlreich
und vielseitig sie auch waren, doch nur darauf beschränk-
ten, von dem überkommenen Gute zu zehren, bereits Vor-
handenes zu bearbeiten und nachzuahmen, sich alles Frühere
zu assimiliren, so finden wir einen ähnlichen Process auf
dem sittlichen Gebiete. Alles, was die damalige Welt pro-
ducirte, fand in Ephesos willige Aufnahme; man beschränkte
sich in allem, in Kleidung und Nahrung, im öffentlichen

---

[1] C. I. Gr. IV. 6829: Καπετωλιονείκου παραδόξου — Ἐφεσίου κωμῳδοῦ.

und häuslichen Leben nicht mehr auf das von Urzeiten
Hergekommene, das Wort „der Väter Sitte" hatte seinen
Klang verloren, man ging in dem Streben nach der An-
nehmlichkeit und Verschönerung des Lebens so weit, dass
man alle Mittel mit Hintansetzung der Moral und des sittlichen Bewusstseins versuchte, um nur einen möglichst heitern Lebensgenuss zu erlangen. Und welche Stadt hätte
mehr Veranlassung gehabt, solch einem Genussleben nach-
zujagen, als gerade Ephesos, wo der leichtfertige, bewegliche Geist der Bewohner [1], das entzückend schöne Clima
des Landstriches, die für Handel günstige Lage, die archi-
tectonische Schönheit der Stadt sich vereinigten und der
entartete Cultus der grossen Göttin ein Pfuhl alles dessen
geworden war, was unsittlich genannt werden muss. Allerdings dürfen wir, wie überhaupt im Alterthume, an sie
nicht den gleichen Massstab der Sittlichkeit anlegen, wie
wir es bei modernen Städten thun müssen, da ja das Princip der Sittlichkeit, welches erst im Christenthum gegeben
ist, ihnen unbekannt war, aber bringen wir auch dies in
Anschlag, so sind die Schattenseiten der ephesinischen Sittlichkeit doch noch stark genug, um das Verwerfungsurtheil
als ein gerechtes anzuerkennen. [2]

Versuchen wir dies im Einzelnen nachzuweisen! Wir
beginnen mit dem öffentlichen Leben. Der Centralpunkt
desselben war, wie in allen hellenischen Städten, der Markt-
platz, die ἀγορά, bei der unterschieden werden muss zwi-

---

[1] Zur Illustrirung des leichtsinnigen Characters erinnern wir bloss
an das bekannte Wort, womit die Ephesier die Vertreibung des Hermodorus, dessen hervorragende Tugend ihnen als eine Verletzung der
bürgerlichen Freiheit galt, motivirten: „Keiner soll unter uns der
Beste sein; ist er es aber, so sei er es anderswo und bei andern!"
Cic. Tusc. V, 36. Diog. Laert. IX, 2.

[2] Schon Heraklit geisselt mit den schärfsten Ausdrücken die sittliche Verworfenheit seiner Landsleute; er nennt sie κάκιστοι und ver-
weigert ihnen Gesetze zu verfassen, διὰ τὸ ἤδη κεκρατῆσθαι τῇ πονηρῇ
πολιτείᾳ τὴν πόλιν. Diog. Laert. IX, 2 und 3.

schen der agora venalis und der agora civilis, dem (römischen) Forum. Beide lagen in nächster Nähe des Theaters, unweit des grossen Hafens. Auf der agora venalis waren die Kaufhallen, wo meist die täglichen Nahrungsbedürfnisse feil geboten wurden, dann die Buden der Banquiers und Geldwechsler. Dass die Moral bei dem dortigen Handel nicht auf hoher Stufe Stand, geht aus einer Stelle bei Pseudo-Heraklit hervor, wo der Markthandel ein fortwährender Betrug genannt wird. Die Menschen, heisst es, betrügen beim Verkaufen wie beim Kaufen; wer am meisten betrogen hat, wird am meisten bewundert: ἐξαπατῶσι πολέοντες καὶ ὠνεόμενοι ὁ πλεῖστα ἐξαπατήσας οὗτος θαυμάζεται. Ebenso spielt der siebente heraklitische Brief darauf an, wenn er höhnisch die Ephesier fragt: ἡ ἀγορὰ ὑμῶν ʽΗράκλειτον ἀγαθὸν ποιεῖ; ob der Markt etwa Heraklit zu einem braven Manne machen könne. Da bei diesem Kaufen — denn wie es antike Sitte war, besorgten die Männer in Begleitung von Sclaven die Einkäufe — alle Ephesier zusammenkamen und sich sahen, so wurden auf dem gewöhnlichen Morgengange nach der Agora und weiterhin nach dem Forum, wo gerichtliche und sonstige Angelegenheiten verhandelt zu werden pflegten, die Tagesereignisse eifrig besprochen. An den Besuch der öffentlichen Plätze reihte sich dann der der Gymnasien. Dass der Ephesier daselbst zu verkehren liebte, zeigt die grosse Zahl von Gymnasien. Falkener nimmt deren fünf an, von denen das Eine, wohl das Besuchteste, auf dem Forum lag, ein Anderes neben dem Stadion, ein Drittes beim Theater. Sie waren alle mit der grössten Eleganz und Schönheit ausgeführt und, wie überall, in verschiedene Räume getheilt, so das Ephebium, wo die männliche Jugend vom sechzehnten Jahre an körperliche Leibesübungen zu machen pflegte. Es ist bekannt, welch entscheidenden Einfluss die Gymnastik auf den Character und das Leben des griechischen Volkes gehabt hat. Allein nicht nur in Hellas, sondern besonders in dem üppigen Jonien hatte sie in jener Zeit überwiegend entsittlichenden Erfolg.

An die Stelle der Waffenübungen traten unnütze Künste; während früher ein edler Wetteifer in körperlicher Stärke und Gewandtheit herrschte, war man jetzt zu verweichlicht, um solchen Anstrengungen sich zu unterziehen. Man kam in jene Hallen, um sich zu unterhalten, um Neuigkeiten zu hören; der Müssiggang fand da seine Stätte, und mit ihm das Laster, jenes entsetzliche Laster, die Päderastie, hatte in Ephesos eine grauenerregende Verbreitung gefunden. Von Liebe und Wohlgefallen an einem Jüngling um seiner geistigen Vorzüge willen war selten oder nie die Rede, das sinnliche Gefallen an seinem schönen Körper bildete beinahe immer den Haupttrieb; daher der Pseudepigraph den Heraklit [1] als einen der Gründe, warum er nie lache, angeben lässt: ob er lachen solle, wenn er mit ansehe, wie ein liederlicher Jüngling Liebhaber der ganzen Stadt sei. Solch junge Leute gab es eine Menge, welche ein förmliches Gewerbe daraus machten, obschon als Strafe der Verlust bürgerlicher Rechte gesetzt war.

Wie sich der Character der Gymnasien verändert hatte, so auch derjenige des Theaters, des grossen Versammlungsortes der ganzen Bevölkerung. Während früher die classischen Meisterwerke des Aeschylos und Sophokles zu Ehren der vaterländischen Götter und Heroen, des gedankenreichen Euripides wie des heitern Aristophanes stürmischen Beifall errangen, finden wir jetzt, dass allein schmutzige Machwerke, Pantomimen der gemeinsten Art sich noch Gefallen erwerben konnten. Nicht nur, dass jeder Sittlichkeit Hohn gesprochen, gemeine Witze, unverhüllte Obscönitäten an der Tagesordnung waren, die Schauspieler selbst, besonders die Weiber, erschienen oft genug in schamloser Kleidung auf der Bühne. Alles wurde auf den raffinirtesten Sinnenkitzel, die niedrigste Belustigung angelegt und damit brach nun diejenige Corruption in der Stadt ein, welche sprichwörtlich geworden. Die entsittlichendste Ten-

---

[1] VII, 43.

denz herrschte bei den unzähligen Festspielen; Wettkämpfe
und Schaustellungen, in Verbindung mit religiösen Feier-
lichkeiten, wurden mit einer Wichtigkeit behandelt, als ob
sie Hauptaufgabe des Staates wären; ein unwiderlegbares
Zeichen der Nichtsnutzigkeit einer Bevölkerung, wenn ihre
höchste Schwärmerei einer Tänzerin gewidmet wird. Luxus,
Verschwendung machte sich breit, wie sie nur eine so
üppige Stadt bieten konnte, alle Leidenschaften, besonders
bei Wettkämpfen, waren entfesselt, die Wuth der einzelnen
Parteien kannte oft keine Gränzen. Ob die Thierkämpfe,
Gladiatorenspiele u. s. w., welche zu Rom in so grossartigem
Massstabe aufgeführt wurden, auch in Ephesos Eingang
gefunden, dafür haben wir kein ausdrückliches Zeugniss.
Ruinen eines Amphitheaters sind bis jetzt noch keine aufgefunden worden. Doch möchte diess noch kein Beweis
dagegen sein, sondern wir halten es an sich für wahrscheinlich, da Ephesos gewiss von der Sucht der grossen Pro-
vinzialstädte, Rom in allem nachzumachen, nicht frei war.
An die Festspiele schlossen sich gewöhnlich grossartige
Schmausereien, welche auf gemeinschaftliche Kosten veranstaltet wurden. Auch diese Festgelage waren ausgeartet,
der Aufwand nahm zu, je feiner die Lebensweise wurde.

Gehen wir über zum häuslichen Leben, so finden wir
dasselbe dem öffentlichen entsprechend, in seiner Auflösung
begriffen. Während früher die Frauen in sittsamer Zurück-
gezogenheit sich hielten, ihr Ausgehen aus dem Hause nur
selten und dann tief verschleiert geschah, traten sie jetzt
mehr und mehr in die Oeffentlichkeit. Anstatt ihre über-
kommene Pflicht, die Erziehung der Mädchen — die Knaben wurden öffentlich erzogen — zu erfüllen, gaben sie
ihnen ein schlechtes Beispiel von Zuchtlosigkeit. Plutarch [1]
erzählt, dass, als Antonius 41 a. Chr. nach Ephesos kam,
die Frauen der Stadt vor ihm her als Bacchantinnen ge-
tanzt hätten mit den Männern, welche in Faunen und Sa-

[1] Ant. 27.

tyren verkleidet waren. Dass solche Ausartungen, welche in der Büthezeit hellenischer Sitte nie vorgekommen wären, den nachtheiligsten Einfluss auf die heranwachsenden Mädchen haben mussten, liegt auf der Hand. Dieselbe Ausgelassenheit und Ueppigkeit zeigt sich in der Kleidung. An die Stelle des weissen Chiton, welcher seit den ältesten Zeiten als das schicklichste Kleid für ehrbare Frauen galt, waren jene bunten, farbigen Gewänder getreten, die als jonische einen Ruf hatten. Es ist diess allerdings an und für sich kein Zeichen einer üppigen Lebensweise, allein wenn man in Betracht zieht, dass überhaupt in der Kleidung theils in Folge des dem Griechen angeborenen Sinnes für einfache, edle Formen, theils wegen des milden Klimas die möglichste Einfachheit herrschte, und diese allein für ehrbar galt, so begreift man eher, warum Schriftsteller jener Zeit die üppige Kleidung der Jonier so stark betonen. Die früheren leinenen und wollenen Gewänder waren fein gewobenen Stoffen gewichen. Kleider von Byssus und besonders von Seide hatten allgemein Eingang gefunden, sowie die berüchtigten koischen Gewänder [1], florartige seidene Gewebe, welche die ganze Form des Körpers durchschimmern liessen, und jene milesischen Prachtstücke [2], von denen schon Zaleukos geboten hatte, es solle sie niemand tragen, als wer Ehebruch u. s. w. treiben wolle. Ueberhaupt waren durch die Handelsverbindungen mit dem Osten auch die babylonischen, phrygischen u. s. w. Kleider in der Stadt Sitte oder Mode geworden. Democritus von Ephesos sagt beim grossen Compilator Athenaeus [3] über die Art sich in Jonien zu kleiden: τὰ δὲ τῶν Ἰώνων ἰοβαφῆ καὶ πορφυρᾶ καὶ κρόκινα ῥόμβοις καὶ

---

[1] Aristot. H. A. V, 19. Plin. XI, 76. Lucian Am. 41: εἰς πρόφασιν ἐσθῆς, nur zum Schein Kleider; Senec. De benef. VII, 9. ep. 90. Horat. Serm. I, 2, 101. Tibull. II, 3. 53. Prop. IV, 5. 55. Juvenal 1, 136.

[2] Diod. XII, 21. Athen. XII, 519 ᵃ. Plut. Alc. 23. Poll. VII, 48; X, 124 ibiqu. Hemsterh. Arist. Ran. 541.

[3] XII, 525.

ὑφαντά. Καὶ σαράπεις μήλινοι καὶ πορφυροῖ καὶ λευκοί, οἱ δὲ ἀλουργεῖς· καὶ καλασίρεις Κορινθιουργεῖς· εἰσὶ δὲ αἱ μὲν πορφυραῖ τούτων, αἱ δὲ ἰοβαφεῖς, αἱ δὲ ὑακίνθιναι, λάβοι δ᾽ ἄν τις καὶ φιλογίνας καὶ θαλασσοειδεῖς. Und so lässt denn der Pseudepigraph den Heraklit die Ephesier fragen: „Soll es mich zum Lachen bewegen, wenn ich der Menschen Kleidung und Bärte betrachte, oder wenn ich sehe, welch eitle Mühe auf den Kopfputz verwendet wird?"[1] Ebenso grosser Aufwand wurde in der Nahrung gemacht. Der gesteigerte Verkehr, die fernen Handelsverbindungen, das fruchtbare Land, Alles brachte von nah und fern die feinsten und leckersten Speisen. Zu den grossen Schmausereien, welche öffentlich gehalten wurden, kamen private Gastmähler mit übertriebenstem Luxus und Verschwendung. So vereinigten sich oft die reichen Jünglinge zu Gelagen, die gewöhnlich in Völlerei ausarteten. Heraklit bezüchtigt sie daher der Ausgelassenheit und der Weinlaune, tadelt die „für Speisen aufgewendeten Geldsummen, welche ihren Abfluss durch den Magen nehmen."

Was sodann das weibliche Geschlecht betrifft, so war sein Zustand derselbe wie in ganz Griechenland: es galt als ein untergeordnetes, von der Natur vernachlässigtes Geschlecht, das nur zur Fortpflanzung der Menschen und oft nur der Sinnlichkeit des Mannes dienend angesehen wurde. Aus der Abgeschlossenheit und Eingezogenheit, in welcher die Frauen früher gewöhnlich lebten, traten sie damals mehr und mehr hervor und führten oft genug ein zuchtloses Leben. Der Verfasser des ersten Briefes an den ephesinischen Bischof Timotheus lässt daher den Apostel Paulus an diesen schreiben[2], er solle sich der jungen Witwen entschlagen, da sie faul seien und in den Häusern umherlaufen, vorwitzige Geschwätze führen u. dgl. Offenbarten schon die ehrbaren Frauen ihren Mangel an Zucht und Tugend, so lässt sich denken, wie breit sich das Hetären-

[1] VII. 38. [2] 5, 13.

und Dirnenwesen machte. Denn da in Bezug auf Sittlichkeit so laxe Ansichten allgemein herrschten, die Prostitution der nach Tausenden zählenden Tempelhierodulen geradezu geheiligt war, konnten diese Mädchen ihr Gewerbe um so schamloser betreiben; und wenn Ephesos auch nicht gerade Corinth darin gleichkam, so galt die Stadt doch für eine der sittenlosesten in der damaligen Zeit. Ueber sie spricht sich der Pseudo-Heraklit also aus: „Ihr Ephesier, die ihr Gelder unterschlagen, Frauen verführt, Verwandte vergiftet, Tempel beraubt, Kuppelei getrieben habt, auf Eidbruch ertappt werdet, als Bettelpriester mit der Pauke herumzieht, jeder von einem besondern Laster erfüllt, soll es mich zum Lachen bewegen, wenn ich sehe, wie eine Mutter ihr Kind auf Giftmischerei ergreift, wie Unmündigen ihr Vermögen anfgezehrt wird, wie man einem Bürger seine Ehefrau raubt, wie ein Mädchen in frommen Nachtfeiern (beim Dienste der Kybele) durch Gewalt ihre Jungfrauschaft verliert, wie eine noch nicht zum Weibe gereifte Dirne doch schon an allen Weiberübeln krankt u. s. w." Wenn auch diese Sittenschilderung parteiisch ist, da sie von einem Juden herrührt, der mit Absicht die Heiden bezüchtigt, so zeigt sie doch, wie tief das Volk in sittlicher Beziehung muss gesunken sein.

Wir sehen also, Ephesos bietet uns das Bild einer grossen, reichen Handelsstadt mit den reichen Kaufleuten, den arbeitenden Ständen, den üppigen, liederlichen Weibern, aber auch der Noth der Armen, dem regen Treiben der verschiedensten geistigen und wirthschaftlichen Interessen. Es ist eine richtige Heidenstadt mit allen ihren Vorzügen und ihren Lastern, Genüssen und Festen. Während der bewegliche geistige Sinn der Bewohner mit seiner Empfänglichkeit für Gutes, Schönes und Erhabenes sie vor völligem Untergang bewahrte, Kunst und Wissenschaft immer noch eine pflegende Stätte fand, war Tugend und Sitte in vollständiger Auflösung. Eine Laxheit in sittlicher Beurtheilung, eine Ueppigkeit, ein Müssiggang, eine Faulheit, eine

Vergnügungs- und Putzsucht machten sich breit, dass selbst der so realistisch oder materialistisch gesinnte Petronius den Schauplatz von Luxus und hohem Sinnenleben in Ephesos sah, und dass Apollonius von Tyana bei seiner Ankunft daselbst besonders die Neigung zum Nichtsthun, die Schlemmerei und Liederlichkeit der Bewohner hervorhob. [1] Doch ein vollständiges Bild des Sittenzustandes der Stadt wird sich erst dann ergeben, wenn wir auch die religiösen Verhältnisse untersucht haben werden.

---

[1] Phil. Vita Apoll. IV, 2.

VIERTES CAPITEL.

Der religiöse Zustand von Ephesos unter dem Principate der gens Julia-Claudia.

(30 a. Chr. — 70 p. Chr.)

———

§ 1. Der Cultus der Artemis.

Um eine richtige Anschauung des weltberühmten Cultus der Artemis Ephesia, welcher zu allen Zeiten Mittelpunkt des religiösen Lebens in Ephesos war, zu gewinnen, müssen wir zurückgehen auf die Urzeit der Stadt, und zusehen, wie auf historisch-genetischem Wege der Cultus sich entwickelte. Es ist aber im voraus zu bemerken, dass von einer genauen Feststellung des jeweiligen Zeitpunctes, in welchem die Vermischung der verschiedenen Elemente dieser Panthea vor sich ging, natürlich nicht die Rede sein kann. Bei einem so dunkeln und schwierigen Gebiete lässt sich bloss durch Combination und Muthmassung eine Anschauung erlangen. Wir lassen daher hier den Versuch einer Darstellung folgen, wie sie beim jetzigen Stand unserer ephesinischen Geschichtskenntniss am wahrscheinlichsten sich darbieten möchte.

Die erste religiöse Verehrung überhaupt, welche an der Kaystermündung stattfand, geschah durch die Phönicier. Sie hingen, wie wir oben schon gesehen [1], mit Pietät an den Göttern ihres Vaterlandes, und wo sie ein Waaren-

———

[1] Cap. I.

depot, eine Colonie anlegten, begründeten sie auch ihren
heimatlichen Gottesdienst. Der Cultus unserer Göttin ist
also in seinen ersten Anfängen ein semitischer, von der
Seeseite her importirter Dienst. Curtius [1] erinnert mit
Recht als deutliche Spuren dafür an Züge wie: dass Kallimachus [2] als älteste Priesterin die Okeanide Hippo erwähnt,
sodann, dass die Priesterinnen Reigentänze am Strande aufführten, dass der Göttin Seevögel heilig waren, und ganz
besonders, dass das Heiligthum für die Seefahrt von der
grössten Bedeutung war und andere Städte bei Colonisa-
tionsversuchen göttliche Legitimation bei ihr suchten (so
die Phokäer für Massilia). Als phönicische Göttin werden
wir in ihr die Selene (Astarte) erblicken, die Personification
des Mondes, die Göttin der Schiffahrt, die grosse Naturgöttin, deren Segen „in Erdnässe und thaureichen Mond-
nächten" sich bezeugt. Den Dienst des ursprünglich hart
am Meere gelegenen Heiligthums [3] versahen, wie Curtius [4]
richtig aus der Analogie des liby-phönicischen Heiligthums
an der kleinen Syrte [5] schliesst, bewaffnete und zum Kriegs-
dienste geschulte Tempelfrauen, welche bei den Festen
Waffentänze aufzuführen pflegten.

Zu diesem ersten und frühesten semitischen Elemente
mussten aber, sobald vom Binnenlande her die Ureinwohner
sich um die neue Colonie sammelten, als ein zweites die
religiösen Vorstellungen dieser neuen Ansiedler treten. Sie
aber verehrten die grosse Göttin, welche von Phrygien an
durch Kappadocien bis nach Armenien und Bactrien hin
unter verschiedenen Namen, wie Kybele, Ma, Anaitis, Verbreitung gefunden. Fragen wir nach ihrem Character, so
wird sie gedacht als der grosse Lebensquell, die Mutter
Erde, aus deren Schos alles Lebendige hervorgeht, und
die mit ihren zahllosen Brüsten, d. h. Quellen, ihre Kinder
nährt. Die Verehrung war eine fanatische und ihr Dienst

---

[1] Beiträge, p. 7. [2] Hymn. in Dian. 239. [3] Plin. Hist. Nat. II, 87:
Mare quondam aedem Dianae alluebat. [4] a. a. O. [5] Herod. IV. 188.

wurde, wie bei der phönicischen Göttin, von Frauen besorgt, deren Zahl, aus der Analogie des pontischen und kappadocischen Comana zu schliessen, sehr gross gewesen sein muss.

Diese beiden Elemente nun, das semitische und das vorderasiatisch-pelasgische, konnten um so eher eine Verschmelzung eingehen, da die Vorstellungen der Göttin bei ihnen eine beinahe gleiche war. Beide hatten ja als ihr himmlisches Symbol den Mond, beide wurden gedacht als Erdenmutter, beide genossen einen ähnlichen Dienst, verrichtet von Tempelfrauen. Und so erfolgte denn wohl bald die ohne Zweifel feierliche Uebereinkunft zu gemeinsamer Verehrung. Das Heiligthum, ganz der Natur der Göttin entsprechend, war an dem quellenreichen, sumpfigen Alluvionlande des Kayster gelegen, wohl dem ersten Ansiedlungsort der vom Binnenlande Herbeigezogenen. Das heilige Bild, ein einfaches ξόανον, ein unförmliches Stück Weinrebe mit ausgeschnitztem Kopf und vielen Brüsten, wurde daselbst in einem hohlen Baume aufbewahrt. Es sollte ein Διοπετές [1], ein vom Himmel Gefallenes, also nicht von Menschenhand Gemachtes sein.

Durch diese Vereinigung aber trat das Küstenheiligthum zugleich nothwendigerweise in Verbindung mit den bedeutendsten Tempeln des Hinterlandes, was nicht ohne grossen Einfluss blieb. Denn bald wurde die oberste Priesterbehörde mit Ausländern, die vom Osten kamen, besetzt und diess als definitive Regel in Zukunft beobachtet. Noch mehr, die ganze Organisation des Tempels erhielt einen orientalischen Charakter. Ganz wie in Comana ward unsere Göttin als Herrin der Landschaft aufgefasst, umgeben von einem grossen Priesterstaate. Bedingung des Priesterthums war die Entmannung, ähnlich dem Kybelecultus, eine Einrichtung, die dem abendländischen, graeco-italischen Wesen vollständig fremd ist. An der Göttin Statt und in

---

[1] Act. Apost. XIX, 35.

ihrem Namen beherrschte der Oberpriester das umliegende
Gebiet, welches die Form der Gauverfassung hatte (σύστημα
συνεστηκὸς ἐκ κωμῶν), also die unentwickeltere Form des
politischen Lebens, die Vorstufe zur hellenischen πόλις.
Die Bewohner als Zinsbauern der Königin-Göttin bearbeiteten für sie das fruchtbare Land und versahen ausserdem
Dienste am Heiligthum. So hatten sie unter priesterlicher
Aufsicht künstliche Wasserbauten zu errichten, ῥεῖϑρα,
ῥινοῦχοι, welche dazu dienten, den Tempel in ununterbrochener Wasserverbindung zu erhalten, Canäle, auf welchen die landenden Fremden bis in das Tempelgebiet hinein gelangen konnten. Es war diess besonders auch im
Interesse der Ausbeutung des Fremdenverkehrs von seiten
der Priester, welche es verstanden, ihr Heiligthum schnell
zu einem berühmten und ihre Feste zu grossen Messen zu
machen. Ebenso hatten die Bewohner den Fischfang in
den der Göttin geweihten selinusischen Flüssen zu besorgen.

Wie mächtig und bedeutend dieser Tempelstaat war,
zeigte sich, als die Hellenen landeten. Ueber zwanzig Jahre
lang verstanden es die gewaffneten Scharen, ihren ener-
gischen Angriff abzuschlagen. Wir sehen daraus wiederum,
dass die Zahl der Tempeldienerinnen eine sehr hohe war.
Denn sie, die im Kampf und Vertheidigungshandwerk Geübten waren es, welche die grosse Göttin gegen die an-
kommenden Hellenen schützten; hier allein liegt der Kern
jener Sage von Amazonenkämpfen. Ueber den Charakter
sowie die Herkunft der Amazonen findet bekanntlich bis
heute noch keine Uebereinstimmung statt. Die Einen, und
das ist wohl das Richtigste, dem auch wir beistimmen,
halten sie für bewaffnete Tempelfrauen, welche ihre Göttin
vertheidigten. [1] Der ungewöhnliche Anblick solch fanati-
sirter Weiber musste die Athener ungemein überraschen

---

[1] Vgl. J. Stickel, De Ephesiis Literis linguae Semitarum vindi-
candis, Jenae 1860, p. 7 fg.

und auf ihre Phantasie einen wunderbaren Eindruck machen.
Bald spann die geschäftige Sage ihre Erzählungen von den
Kämpfen mit ihnen daran, die Kunst bemächtigte sich
dieses Stoffes und bearbeitete ihn mit Vorliebe, der Dichter fand willkommenen Anlass, die alten Heroen zu ver-
herrlichen, welche mit diesen halb unmenschlichen Priester-
rinnen im Streite gelegen. Als nahe liegend wurde diesen
Amazonen auch die Gründung des Heiligthums zugeschrieben, vom Thermodon her sollten sie den Dienst an die
Küsten gebracht haben. [1] Andere dagegen lassen die Amazonen ursprünglich in gar keiner Verbindung mit der
Göttin stehen. So hat noch neuerdings O. Klügmann [2] in
einem Aufsatze: „Ueber die Amazonen der kleinasiatischen
Städte" die Ansicht zu vertheidigen gesucht, dass dieselben
die kriegerischen Weiber solcher nordischer Völker seien,
welche an den Südrand des Pontus und weiterhin nach
Aeolis und Jonien vorgedrungen und sich an einzelnen
Stellen länger behauptet hätten. Der genannte Gelehrte
stützt sich dabei auf die Stellen Tac. Ann. III. 61 und
Paus. VII. 2. 7. Allein obgleich diese zwei Citate für die
aufgestellte Behauptung in gewisser Beziehung zu sprechen
scheinen, — wir sagen „scheinen", denn sie lassen sich
gerade so gut anführen für die andere Ansicht, wenn man
sie so fasst: die Amazonenpriesterinnen flohen vor dem
Lydischen Herakles nach Ephesos [3] und traten daselbst mit
den phönicischen Colonisten und deren Göttin in Verbindung, indem sie ihre eigene Göttin mit dieser als im
Wesen gleich identificirten, also den Dienst in Ephesos
ursprünglich nicht selbst begründeten, sondern vorfanden [4];
da aber später das phönicische Element in der Colonie

---

[1] Paus. VII, 2. 7; IV, 31. 8 und Kallimach. in Dian. 237: σοὶ καὶ
'Αμαζονίδες πολέμου ἐπιθυμήτειραι ἔνκοτε παρρακλίη 'Εφίσῳ βρέτας ἱδρύ-
σαντο φηγῷ ὑπ' εὐπρέμνῳ; vgl. auch Spanheim, Observationes in Kalli-
machi Hymnum in Dianam, p. 289 fg.
[2] Philologus XXX, 535 fg. [3] Tac. Ann. III, 61. [4] Paus. VII, 2. 7.

zurücktrat und das asiatische desto mehr Uebergewicht erhielt, so bildete sich leicht bei den Hellenen später der Glaube, als hätten die Amazonen den Dienst begründet, — so bleibt doch immer die Frage als berechtigt stehen: woher kommt es, dass die Amazonen kriegerische Tänze am Strande und um den Altar der Göttin aufführten[1], wenn sie denn ursprünglich in keiner Verbindung mit ihr stehen sollen? Und wie, darauf ist noch mehr Gewicht zu legen, konnte sich ein so reicher Sagenkreis an diese Amazonen knüpfen, sie solange Lieblingsstoff attischer Kunst, und die Erinnerung an sie Jahrhunderte hindurch im Gedächtniss der Griechen haften bleiben, wenn nicht eben die Begründung des glänzenden Dienstes der μεγάλη ϑεός in irgend welcher Beziehung zu ihnen stand? Sind sie in der That nur flüchtige Frauen, die das Asyl des Artemisions aufsuchten, wie sonst viele verfolgte Männer und Frauen, wie konnten gerade sie dann, wenn auch ihr kriegerischer Anblick, der sich aber jedenfalls bei ruhigem Leben bald verlieren musste, ein ungewohnter war, Veranlassung zu so vielen Sagen werden? Diess konnten sie nur, wenn sie todesmuthig ihre Göttin so viele Jahre lang wirklich mit Waffengewalt gegen die andringenden Athener vertheidigt hatten, wenn der einzige Widerstand, den diese fanden, von ihren ungewohnten Scharen ausging. An die Kämpfe, nicht bloss an die „männlichen Sitten der nordischen Weiber", knüpfte die Phantasie der Hellenen an; der jahrelange Streit, nicht bloss „der Schutz, den die fremden Heroinen im Asyl fanden", bildet den Kern der ephesinischen Amazonensage. Doch genauer auf diese weitläufige Frage einzugehen, ist hier nicht der Ort.

Mit der friedlichen Auseinandersetzung vereinigten sich die Athener unter Androklos in der Verehrung der vorgefundenen Göttin. Wie überall die Griechen, wenn sie ihren

---

[1] Kall. in Dian. 240: Πρύλις, tripudium, significat, teste Eustathio, saltationem, quae in armis fiebat, bemerkt Spanheim.

Vortheil dabei erblickten, den Cultus vorhandener Local-
gottheiten mit dem ihrer vaterländischen Götter zu ver-
binden verstanden, so auch hier. Sie beschworen, da Eisen
und Blut ihnen Eingang nicht verschafften, einen Vertrag
mit den Priestern und benannten die nunmehr gemeinsame
Göttin nach einer oberflächlichen Analogie Artemis. Damit
wurde diese aber durchaus nicht zur griechischen Artemis,
sondern war und blieb asiatische Göttin. Dass unsere
Behauptung richtig ist, erhellt aus folgenden Thatsachen.
Einmal weicht die Ephesia in bildlicher Darstellung vollständig von der griechischen Artemis ab. Denn während
diese uns als jugendlich schöne, schlanke, leichtaufge-
schürzte Jägerin mit hoher Stirn, offenem Auge, wallenden
Locken und ausgerüstet mit Bogen, Köcher und Pfeil erscheint (vgl. z. B. die bekannte Artemis von Versailles), ist
jene eine halbverhüllte Figur, mit verschleiertem Hinter-
haupte, eine phrygische Mauerkrone tragend, ihr Obertheil
mit Brüsten bedeckt und ihr Leib, in einen schmal ab-
nehmenden Block auslaufend, mit allerlei symbolischen
Thiergestalten verziert, die beinahe sämmtlich auf den
Orient verweisen. Es ist klar, dass die Ephesia in diesem
Bilde jene alles ernährende und aus dem Dunkel hervor-
bringende Mutter darstellt; die Artemis bei den Griechen
dagegen ist die Vergöttlichung des Mädchens unmittelbar
vor und nach den ersten Menstruationen. Man vergleiche
z. B. die Sitte der dorisch-spartanischen Jungfrauen, ihre
Hemden, welche die Spuren von diesem ersten, wichtigen
Vorgange an sich trugen, der Artemis zu weihen. Sie ist
daher gefasst als scheue, schlanke, flüchtige, in dieser Zeit
Spaziergänge, Natur, Waldeinsamkeit liebende Jungfrau und
deshalb Göttin der Jagd mit dem Hirsch, welch letzterer
zwar auch der Ephesierin beigegeben ist, aber in ganz
anderm, asiatischem Sinne, nämlich als Symbol der Zeu-
gungskraft.

Zweitens erscheint die hellenische Artemis gewöhnlich
als Schwester Apollo's, wie dieser mit Pfeil und Bogen

(ἰοχέαιρα); sie ist Todesgöttin in demselben Sinne wie jener, tödtet mit ihm die Kinder der Niobe, und wurde als Ursache eines plötzlichen Todes bei Mädchen und Frauen gedacht. Diese ganze Beziehung zu Apollo findet sich bei der Ephesia nicht, keine einzige Spur deutet auf eine solche Verbindung hin. Drittens spricht für unsere Auffassung die grundlegende Stelle bei Tacitus [1], wo die Ephesier vor Kaiser Tiberius im Jahre 22 p. Chr. für ihr Asyl plaidiren. Die Gesandten sagen: non ut vulgus crederet, Dianam atque Apollinem, Delo genitos, d. h. also die alte Tradition der Bewohner von Delos, als habe die kreisende Leto die Artemis (und Apollo) auf ihrer Insel geboren [2], sei unrichtig, die Verehrung der Göttin stamme nicht von Delos, wohin sie der sagenhafte lycische Sänger Olen gebracht, sondern: esse apud se Cenchrium amnem, lucum Ortygiam (Wachtelhain), ubi Latonam partu gravidam et oleae adnisum quae tum etiam maneat (die Priester damals noch am Gnadenorte zeigten), edidisse ea numina, deorum monitu sacratum nemus. Mit andern Worten, der Artemiscultus zu Ephesos ist der ältere, während der delische der abgeleitete, jüngere ist. Er kam aus Oberasien durch die Amazonen (vgl. oben) zuerst nach Ephesos und wurde später nach Delos verpflanzt. In ersterm aber erhielt sich infolge des orientalischen Priestereinflusses auch die ursprünglich asiatische Gestaltung der Göttin, ohne dass die Jonier durch ihren Einfluss sie hätten zu hellenisiren vermocht, wie es mit der delisch-griechischen der Fall war. Es zeigt sich diess auch darin, dass der Name Upis (dor. Opis), welcher die pelasgische Bezeichnung der Ephesierin gewesen, auf Delos vorkommt, wo ihn eine hyperboreische, die Artemis bei ihrem Kommen (Ilithyia) begleitende Jungfrau führt. — Von selbst versteht sich, dass diese Mythen nur vom hellenischen Standpunkte aus zu verstehen sind; die herrsch- und hab-

---

[1] Ann. III, 61. [2] Paus. I, 18; IX, 27.

süchtigen Artemisionspriester hatten sie nicht erfunden, ihnen konnte es gleichgültig sein, wie die Hellenen sich den Ursprung der Göttin dachten, wenn nur ihre Herrschaft unbestritten war, und sie liessen daher solche Sagen, welche sich in den hellenischen Gynaikeien angenehm beplauderten, wie nämlich der Vater der Götter und Menschen ein süsses Verhältniss mit der schönen Leto anknüpfte und, als Folgen eintraten, die Himmelskönigin aus Eifersucht die Arme verfolgte, dass sie erst nach langem Leiden von dem Apollo und der Artemis genesen konnte, ruhig fortbestehen, im Herzen denkend: Ihr Griechen seid Kinder! was die Aegyptier einst dem Herodot, freilich in anderm Sinne, bemerkt hatten.

Viertens — und darauf möchten wir starkes Gewicht legen — wäre die ephesinische Artemis wirklich mit der griechischen identisch, so wäre die ganze Geschichte von Ephesos absolut nicht zu verstehen. Denn wenn wir oben (Cap. I) nachgewiesen haben, dass der Inhalt derselben das wechselnde Verhältniss zwischen Stadt und Tempel war, so ist diess, wie auf der Hand liegt, nur dann möglich, wenn die Göttin, der Cultus, die Priestereinrichtungen u. s. w. etwas den Griechen, und besonders der nationalen Partei derselben, Fremdartiges waren, welches sie gerne verdrängt, resp. hellenisirt hätten, welches aber jahrhundertelang erfolgreich Widerstand leistete. Die Griechen erkannten allerdings in jenem Vertrage die Ephesia, sie Artemis benennend, an, aber die orientalische Form derselben mit den fremdartigen Attributen (Eunuchen, Hierodulen u. s. w.) widersprach dem ganzen Charakter der Hellenen und veranlasste eben jenen Antagonismus, der bis in die römische Kaiserzeit hinein bald schwächer, bald stärker hervortrat.

Zu diesen vier Criterien kann endlich noch gezählt werden, dass die Ephesia als beständiges Symbol die Biene (Symbol der Nahrung) hat, welches der griechischen Artemis nirgends zukommt. Dass sich die Hellenen auch des

ganzen Unterschiedes, trotzdem sie den gemeinsamen Namen
Artemis der Göttin beilegten — und nur diesen haben die
beiden gemein — bewusst waren, geht aus dem Umstande
hervor, dass sie, um die Verschiedenheit gerade auszudrücken,
immer das Beiwort Ephesia gebrauchten, und dass die Artemis Ephesia neben der griechischen Ärtemis als besondere
Gottheit überall Verbreitung fand, wie wir auf zahlreichen
Münzen sehen, z. B. von Clazomenae, Samos, Apamea, Mitylene, Hierapolis, Pergae, Massilia.

Nachdem wir im vorigen die Ueberzeugung zu erwecken
versucht haben, dass die Ephesia asiatische Göttin war und
auch unter dem Einflusse der Hellenen blieb, von einem
solchen also eigentlich nicht die Rede sein kann, so haben
wir ferner zu sehen, welche weitern fremden Elemente zum
Cultus hinzukamen. Und da weisen uns denn verschiedene
Attribute der Gottheit nach dem alten Nillande hin. Wir
wissen bereits (Cap. III, § 2), in welch eifrigem Handels-
verkehr seit den ältesten Zeiten Ephesos mit Aegypten gestanden hat, dass sogar im Nil eine Insel den Namen der
Stadt trug. Lässt sich daraus schon schliessen, dass religiöse Anregung nicht ausblieb, so haben wir directe Zeug-
nisse, dass aegyptische Vorstellungen denen der Ephesia ähnlich waren. Unter den zahlreichen Thiersymbolen an ihrem
Bilde befindet sich auch die Sphinx, deren ägyptieher Ursprung unzweifelhaft ist; ferner weist uns eben dahin die
Biene, welche nach Ammianus Marcellinus [1] bei dem Nil-
volke eine bedeutende Stelle einnahm als Symbol des Königs. Zwar lässt sich nicht leugnen, dass zu Ephesos die
Biene zunächst in anderm Sinne Attribut der Göttin war,
nämlich als Symbol reiner Nahrung, wie ja auch der Mond
als Vorsteher und Princip der Zeugung Biene (μέλισσα) hiess,
allein die Vorstellung der Biene als König lag gewiss auch
der ephesinischen Göttin unter, da sie ja als Königin-Göttin
über die Landschaft herrschte. Aber nicht nur solch ein-

---

[1] XVII, 4. 11.

zelne Attribute, zu denen noch andere, meist dunkle symbolische Thier- und Menschenfiguren an dem Bilde können
gerechnet werden, welche unzweifelhaft nach dem Wunder-
lande weisen, zeigen die Verwandtschaft am Nil an, die
ganze Artemisvorstellung selbst hat ihr Analogon in der
aegyptischen Bubastis, welcher als Mondgöttin dieselben
wohlthätigen und zerstörenden Eigenschaften zugeschrieben
wurden wie der Ephesierin.[1] Wir verdanken Herodot eine
lebendige Schilderung von der grossen Wallfahrt nach der
Stadt der aegyptischen Göttin, von dem prachtvollen Tempel,
von den Festversammlungen, wobei die Aehnlichkeit, um
nicht zu sagen Gleichheit, der beiden grossen Tempel-
institute merkwürdig und jedenfalls wieder ein Beweis ist,
dass die Cultur am Euphrat-Tigris, deren letzter Ausläufer
eben der ephesinische Artemiscultus war, der im Delta nahe
verwandt gewesen. Unser Erzähler der Merkwürdigkeiten
der Welt selbst wurde überrascht von der Aehnlichkeit der
Beiden, wie deutlich aus II, 137 hervorgeht, wo er sagt:
Ἐν Βουβάστι καὶ ἱρόν ἐστι Βουβάστιος ἀξιαπηγητότατον· μέζω
μὲν γὰρ ἄλλα καὶ πολυδαπανώτερά ἐστι ἱρά, ἡδονὴ δ' ἰδέσθαι
οὐδὲν τούτου μᾶλλον. Ἡ δὲ Βούβαστις κατ' Ἑλλάδα γλῶσσάν
ἐστι Ἄρτεμις. Dieses Zeugniss ist um so unwiderleglicher,
als Herodot seit seinen Jünglingsjahren das Artemision[2]
kannte; als er den Bubastistempel besuchte, fand er ihn
deshalb so wonniglich anzusehen, weil dieser ihn unwillkürlich an jenen gemahnte. Wir finden in der weitern Er-
zählung des Gewährsmannes dasselbe Hierodulenwesen mit
der nämlichen Schamlosigkeit und eine Beschreibung der
Festlichkeiten, die vollständig den ephesinischen gleichen,
und werden deshalb unten bei der Behandlung der Cultus-
feste auf diese einzigartige Aehnlichkeit zurückkommen.

In welchem Zeitpunkte jeweilen die Vereinigung und
Verschmelzung der bisher genannten Elemente in der Ephesia stattfanden, lässt sich natürlich beim gänzlichen Mangel

---

[1] Herod. II, 138.   [2] II, 148.

aller geschichtlichen Quellen darüber nicht bestimmen.
Einigen geschichtlichen Anhaltspunkt dagegen haben wir
für dasjenige Element, welches uns noch zu besprechen
übrig bleibt, das persische, in Verbindung mit dem Magier-
thum. Besonders das Letztere treffen wir bekanntlich in
der hellenistisch-römischen Zeit in unaufhörlichem Vor-
dringen begriffen bei steigendem Einflusse auf die damals
verfallende Religiosität der Bevölkerung. Schon in den
ältesten Zeiten hatten persische Formen in Ephesos Eingang gefunden, so das Eunuchenwesen; auch hat die Artemis ihr Analogon an der persischen Anaitis. Ob persi-
scher Feuerdienst und dessen Vorstellungen vom tiefsinnigen
Philosophen Herakleitos in seinem Systeme verarbeitet wurden, ist schwer zu entscheiden; wir möchten es jedoch verneinen, weil seine Lehre vom Feuer als dem Anfange und
Grundelemente nur Gegenstand der Speculation ist, wie das
Wasser bei Thales, die Luft bei Anaximenes, während das
Centralfeuer der Perser entschieden mit dem semitischen
Gestirndienst zusammenhängt. [1] Am wichtigsten aber wurde
der Einfluss des persischen Magierthums, worauf wir etwas
näher eingehen müssen. Die erste zu beantwortende Frage
ist die: wer sind die Magier? Sie finden sich in Babylonien [2], im Kappadocien [3], in Lydien [4], in Phönicien [5], am
häufigsten aber in Persien, weshalb sie gewöhnlich persische
Magier genannt werden, und man unter Magiern meist Glieder des persischen Reiches versteht. [6] Sehen wir daher zuerst, was von den Magiern in Persien bekannt ist. Im
Avesta, dem altheiligen Religionsbuche, findet sich ihr Name
nur an sehr wenigen Stellen, und zwar Stellen jüngeren
Datums, so Yaçna 53, 7; 64, 25; die Priester heissen dort

---

[1] Vgl. Beausobre, Histoire de Maniché, II, 152. [2] Jer. XXXIX, 3.
[3] Strabo XV, 727. [4] Paus. V, 27. 3. [5] Movers, Phönic. Alterthum,
II, 535, der Münzen mit dem Worte magus, רב־מג, wie Jer. a. a. O.
citirt. [6] Strabo II, 98. 100; XI, 515. XV, 727. 730. 733. 735. 736;
XVI, 762. Herod. III, 61—78 passim; VII, 19. 37. 43; I, 132.

âthravas, d. i. Feuerdiener. [1] Dagegen treffen wir die Bezeichnung Magier zuerst als gewöhnliche Bezeichnung der
Priester in den Keilinschriften des Darius; damit ist uns
also ein Zeitpunkt gegeben, wo die Magier zuerst in Persien
waren, nämlich unter der jüngern Achaemenidenlinie. Ob
sie nun einheimische Eranier sind oder nicht, diese Frage
beantwortet uns die Etymologie des Wortes. Gewöhnlich
wird angenommen, es sei dasselbe Wort wie μέγας, Sanskri-
tisch: maha, Firdosi mogh, Deutsch: michel gross; so Spiegel, Haug, Müller bei Herzog, Real-Encyclopädie; allein
diese Annahme, als sei das Wort ein altarisches Appella-
tivum maga und bedeute δυνατοί, wird, wie Schrader [2] gewiss richtig betont, eben durch die Keilinschriften wider-
legt, wo das Wort als ein semitisches auftritt. Magus hängt
zusammen mit dem semitischen Stamm עמק = עמק, sich ver-
tiefen, und bedeutet „der Eingeweihte". Die Magier sind
also ein Semitenstamm; sie wohnten in Medien, wie schon
Herodot [3] sagt und Ammianus Marcellinus [4] ausführt, wenn
er berichtet, die Magier hätten ein eigenes, fruchtbares Gebiet in Medien innegehabt, wo sie sich aus einer anfäng-
lich kleinen Zahl zu einem grossen Geschlechte vermehrt,
wo sie legibus sui uti permissi unter geistlicher Oberherrschaft
des Oberpriesters gestanden hätten. Da sie sich rühmten,
Nachkommen des Zarathustra zu sein [5], liegt die Entscheidung für die Richtigkeit der Behauptung, sie seien Semiten,
neben der Etymologie daran, ob Zarathustra, ihr Ahnherr,
ein Semite war. Dies ist aber allerdings der Fall, wie Spiegel mit Apodixis behauptet, und zwar sprechen dafür folgende Gründe. Einmal wird im Avesta Zarathustra als vom
Westen her nach Eran kommend bezeichnet, sodann stets
als Fremder aufgeführt; ferner wird in Yaçna XIX, 51. 52
als sein Wohnort Rhaga angegeben, welche Stadt im Quell-

---

[1] Von âthar, αἰθήρ, Feuer. [2] Alt. Test. und Keilschriften. [3] I, 101:
Ἔστι δὲ Μήδων τοσάδε γένεα . . . . Μάγοι. [4] XXIII, 6. 32 und 35.
[5] Diog. Laert. prooem. 2.

land des Araxes, Phasis, Euphrat und Tigris lag, im selben
Gebiet, von wo [1] auch Abraham soll nach Westen ausgegangen sein, im Urland des Monotheismus. Daher erklärt
sich auch, nebenbei bemerkt, die vorwiegend monotheistische
Form der reinen Avesta-Religion und der obersten Gottheit
Ahuramazda, und die auffallende Berührung der Religion
mit der des Alten Testaments, sowie die freundliche Stellung der Jahvediener zu derselben. Endlich spricht dafür
die Etymologie des Wortes Zarathustra; dasselbe kann, wie
Prof. Kleinert in Berlin die Güte hatte uns mitzutheilen,
aus der arischen Sprache nur gekünstelt erklärt werden,
dagegen scheint die Erklärung, welche wir demselben Gelehrten verdanken, aus dem Semitischen sehr einfach: Zarath von צרח, der Glanz, als nom. propr. 1 Chron. 4, 7;
Josua 13, 19, und ustra von עשתר, Stern, Morgenstern,
also = Glanz des Morgensterns. [2]

---

[1] Nach Genes. X, 25.

[2] Wir theilen hier eine Auseinandersetzung mit, welche uns Prof.
Kleinert nachträglich die Güte hatte, zu unserm Zwecke mitzutheilen:
„Der durch Spiegel's Untersuchungen mehr als nahe gelegten Annahme, dass 1) die Magier ein semitischer Stamm gewesen, und 2) dass
Zarathustra, selbst Semit, von diesen ausgegangen sei, sind neuerdings
durch die Entzifferungen der mesopotamischen Keilinschriftmonumente
beträchtliche Schwierigkeiten erwachsen. Lenormant (La Magie des
Chaldéens, Paris 1874, p. 191 fg.) behauptet mit grosser Apodixis, dass
die Magier der Priesterstamm einer turanischen Urbevölkerung in
Medien gewesen, und dass ihr Einfluss auf die persische Religion erst
mit den Sassaniden beginne. Die Sache ist noch nicht spruchreif.
Jedenfalls ist zu beachten, was Schrader (Die Keilschriften und das
Alte Testament, 1872, p. 275) zu Gunsten einer semitischen Ableitung
des Namens Magier beibringt; und dass Zarathustra weder ein arischer
noch ein turanischer Name ist, sondern ein semitischer, scheint mir
evident. Die Unmöglichkeit, dem Namen eine arische Etymologie zu
geben, ergiebt die Prüfung der zahlreichen, in dieser Richtung ge-
machten Versuche (vgl. Windischmann, Zoroastr. Studien, p. 44 fg.;
Spiegel in den Abh. der bayr. Acad. der Wiss., 1867, I, 1, S. 8 fg.;
Haug, Gâthâ, II, 244 fg.). Mir scheint das Wort von selbst in die
beiden Bestandtheile Zarath und ustra zu zerfallen. Zarath ist eine

Doch abgesehen von Zarathustra, über dessen Person, Zeit u. s. w. unter den Fachgelehrten noch keine feststehende Ansicht vorhanden ist, ist die Annahme, dass die Magier Semiten waren, festzuhalten. In Eran nun wohnten sie seit Darius. Schon Herodot [1] sagt: die Perser durften ohne einen Magier kein Opfer vornehmen [2], und Strabo [3] erwähnt neben andern Stämmen (φῦλα) noch besonders die Magier. Bezeugt diess schon ihre grosse Machtstellung in Persien, so wissen wir ferner, dass sie bei den Königen in sehr hoher Achtung standen. [4] Auf seinem grossen Zuge hatte Xerxes Magier als Rathgeber bei sich. Sie zerfielen nach mancherlei Andeutungen der Alten dem Range nach in verschiedene Klassen; so unterscheidet Herodot [5] und Strabo [6] deutlich die Traumdeuter und Wahrsager von den übrigen Magiern, und Eububos bei Porphyrius [7] sagt, sie zerfallen in drei Geschlechter (γένη). In Persien war also,

---

Femininform, welcher man auch im Hebräischen als Eigennamen begegnet (Zâràth, 1 Chron. 4, 7); dass auch im Altassyrischen ath Femininendung, darüber vgl. Schrader, D. Morgenl. Zeitschr., 1872, 216. Stamm ist צר, leuchten, zarath, also Glanz (vgl. die Gruppen hebr. צהר, זהר, טהר, arab. zhar, zhar, aram. zhr, thr, zu letzterm auch chald. thî, rût, Lichtglanz, syr. tahrô, Mittag). Ustra halte ich für den Namen der altassyr. Istar (über welche Schrader, a. a. O., 1873, 403 zu vgl.), und habe, wie ich eben sehe, in dieser Vermuthung einen Vorgänger an Rawlinson (Journal of the Royal Soc. of Gr. Britain., XV, 227 not.). Der angehängte Selbständigkeitsvocal a findet sich auch sonst im Assyrischen (Schrader, 227); und die Ableitung des beginnenden u in i erklärt sich aus der Einwirkung des beginnenden 'ajin auf arische Ohren (vgl. Ges. Thes. II, 977). Bei der Schwäche des femininalen th in den semitischen Sprachen ist auch die Abschleifung des Namens zu Zoroaster leicht erklärlich. Also Zarathustra = Glanz des Morgensterns. P. Kleinert."

[1] I, 132. [2] Ἄνευ γὰρ δή μάγου οὔ σφι νόμος ἐστὶ ϑυσίας ποιέεσϑαι. [3] XV, 727. [4] Herod. VII, 19, 37, und unter den Sâsâniden Ammian. Marc. XXIII, 6, 35. [5] I, 107: τῶν μάγων τοῖσι ὀνειροπόλοισι. [6] XVI, 762: νεκυομάντεις καὶ ἔτι οἱ λεγόμενοι λεκανομάντεις καὶ ὑδρομάντεις. [7] De abstin. IV, 16.

wie schon gesagt, ihr Hauptsitz; zu gleicher Zeit aber finden wir sie auch in andern Ländern (s. oben). Dass nun die Magier in Kappadocien, Lydien, überhaupt in Kleinasien, und also in Ephesos, mit denen in Medo-Persien in Verbindung standen, geht daraus hervor, dass die Beschreibung Strabo's [1] und Pausanias [2] von deren Leben und Treiben ihre Identität und Verwandtschaft mit den persischen unzweifelhaft erweisen. Demnach ist klar: alle Magier hängen zusammen, stammen alle aus dem Quellgebiet des Euphrat und Tigris und verbreiteten sich von da in die genannten Länder, wobei der persische Theil die Oberhand behielt. Ihr letzter Posten gegen Westen hin war nun Ephesos, wie schon der geistvolle Otfr. Müller [3] andeutet, wenn er sagt: „Der ephesische Dienst ist gleichsam der weitvorgeworfene Punct einer nach Westen hin isolirten Reihe." Wann sie sich daselbst in den Besitz der Priesterwürde zu setzen gewusst hatten, ist leider nicht genau zu bestimmen; doch glauben wir, man muss daraus, dass Xerxes auf seinem Zuge von allen Tempeln das Artemision verschonte und später seine Weiber und Kinder dahin in Schutz bringen liess, welcher Handlungsweise gewiss nicht nur politische Motive unterlagen, auf damalige Herrschaft der Magier schliessen. Ja wir möchten sogar vermuthen, dass, weil die Magier unter der zweiten Achämeniden-Dynastie, wie die Keilinschriften unzweideutig ergeben, in Persien zum ersten Male als hochstehende Priesterklasse erscheinen, eben unter Xerxes das Artemision, welches ja von Anfang an orientalischen und persischen Character an sich trug, in die Hände der mächtigen Magier kam und von da an darinblieb. Jedenfalls aber zeigen uns das Amuletten-, Zauber- und Wahrsagerwesen, lauter Indicien des freilich ganz entarteten Magierthums, wie es sich seit ca. 400 a. Chr. gestaltete, dass in unserer Periode Ephesos ein Hauptsitz derselben war, und Tatian [4] nennt daher nicht mit Unrecht die Artemis ἡ Μάγος.

---

[1] a. a. O. [2] a. a. O. [3] Dorier I, 392. [4] Or. ad Graec. ed. Otto, p. 36.

Wie überall nun, war der Einfluss der Magier auch hier
ein wesentlich hierarchischer. Hatten sie bei den Persern
alle äussern priesterlichen Functionen und durfte dort nach
Herodot's Zeugniss niemand neben ihnen oder ohne sie ein
Opfer verrichten, so treffen wir dasselbe am Artemision.
Sie waren die Priester, welche den ganzen Cultus ausbil-
deten und verrichteten; die übrigen Stände, das Volk, wurde
durch sie aller Sorge um das Religionsinstitut enthoben.
Sie herrschten unumschränkt und suchten ihre Machtvollkommenheit immer weiter auszudehnen, wie in Persien, wo
vom Magier gesagt wird: δευτερεύει κατὰ τιμὴν, nächst dem
Könige [1], und in Kappadocien. [2] Ihr ganzer Einfluss er-
streckte sich daher nicht auf die Vorstellung der Göttin,
ihren Ursprung und dergleichen, — das überliessen sie den
Hellenen —, sondern auf die hierarchische Gestaltung ihres
Cults, des Tempelstaates. Und wie gut ihnen dies gelungen,
wie richtig und schlau sie ihre Macht auszubeuten wussten,
das zeigt der Umstand, dass der Grosshandel, mancherlei
Zweige der Industrie, in ihren Händen lagen, dass sie Geldgeschäfte betrieben, und ihr schmutziger, ächt semitischer
Geist des Gelderwerbs, welcher dem unsittlichen, in Ge-
meinheit versunkenen Cultus noch die Krone aufsetzte,
giebt sich nur zu deutlich kund im Verkauf von Amuletten,
Orakelsprüchen u. s. w. Diese hierarchische Richtung wirft
wiederum ein neues Licht auf den jahrhundertelang fort-
gesetzten Antagonismus zwischen der Stadt und der Priesterschaft. Wie derselbe schon gleich bei der Ankunft der
Athener entbrannte gegen die damaligen Priester, so blieb
derselbe ungebrochen, auch als die von Persien beeinflussten
Magier an jener Stelle getreten waren, da sie ganz dieselbe
Politik vertraten. Den Hellenen ist ja, das bezeugt ihre
ganze Geschichte, Nichts so verhasst gewesen, als wenn
innerhalb ihrer freien Gemeinschaft ein Stand sich über

---

[1] Strabo XII, 537. [2] Strabo XII, 535: Δεύτερος κατά τιμὴν μετὰ τὸν
βασιλέα.

den andern stellen und herrschen wollte. Darum so oft
das nationale Bewusstsein in den Bewohnern von Ephesos
geweckt wurde und politisches Uebergewicht hatte, wehrten
sie sich gegen den Staat im Staate, den Priesterstaat des
Artemisions, welcher seine Herrschaft überall und immer
geltend machte.

Recapituliren wir nun kurz die verschiedenartigen Elemente, welche sich auf unserer historisch-genetischen Untersuchung des Cultus ergeben haben, so ist der ephesinische Artemisdienst also zusammengesetzt aus phönicischen,
pelasgischen, aegyptischen, persischen und magischen Elementen. Die Griechen fanden diese Vereinigung zum Theil
schon vor, trugen selbst aber ausser dem Namen nichts
dazu bei; ihr Einfluss ist daher der unbedeutendste und
erstreckt sich bloss auf künstlerisch-ästhetische Mittheilun-
gen. Erst jetzt, nachdem wir versucht haben, die Phasen
der Entwicklung des Cults, soweit diess überhaupt möglich
ist, zu skizziren, können wir eine zusammenfassende Darstellung desselben, wie er in unserer Periode sich darbietet,
geben.

a. Artemis, die Πρωτοθρονία [1] von Ephesos, ist ihrer
ursprünglichen Bedeutung nach Mutter alles Seienden, die
alma mater, die φύσις παναίολος, πάντων μήτηρ [2]; nicht jung-
fräulich gedacht, wie ihre griechische Namensschwester,
sondern als Mutter und Amme, welche ihre vielen Brüste
darreicht zur Nahrung alles Lebendigen, die Frucht spen-
dende, Nahrung gebende gute Mutter Natur, wie Kybele, Ma,
Anaitis. Als der Urgrund ist sie der dunkle Mutterleib,
die Urnacht, aus welcher alles, was da ist, geboren wird.
Auf der Erde ist ihr Symbol das Quellwasser, welches, aus
dem Dunkel der Erde kommend, Grund aller Fruchtbar-

---

[1] Paus. X, 38. 3. [2] Auch die Etymologie des Wortes Artemis
Spricht für diese Auffassung; denn dasselbe lässt sich nur aus dem
semitischen befriedigend ableiten, nämlich Ἀρι-εμ-ις = אֶרֶט־אָם (אֶרֶץ),
Terra (est) mater; vgl. Stickel, De Ephesiis Literis, Jenae 1860, p. 16.

keit wird, am Himmel das weibliche Licht, welches die
Nacht erleuchtet, die Mone (der Mond). Daher ist sie
weiter die Mondgöttin mit all den Beziehungen, welche
man sich besonders in Vorderasien von diesem Gestirne
zum Erdenleben dachte. Einmal wurde dieser Einfluss als
ein wohlthätiger gefasst: dann ist sie die nächtliche Himmelskönigin, das milde, helfende Licht, die Fackelträgerin,
σελάσφορος, welche als hülfreiche Ilithyia alle Dinge ans
Licht bringt, den Gebährenden beisteht, die Kinder aus
dem Dunkel des Mutterschoses zum rosigen Dasein heraus-
führt. Wie aber die Nacht den Alten als mit Schreck-
nissen verbunden erscheint, so ist sie auch die peinigende
Ilithyia, welche den Gebärerinnen Schmerz sendet. In dieser
Bedeutung führt sie den Namen Hecate. Weiterhin schliesst
sich dann hieran die Vorstellung als Göttin der Magie an;
sie beschützt die Zauberei, das Orakelwesen, die geheimnissvollen Worte an ihrem Gürtel sind selbst voll Zauber-
kraft und in ihrem Namen finden Todtenbeschwörungen statt.

b. Der Tempelstaat war, wie schon oft angedeutet, ein
sehr grosser nach ächt orientalischer Sitte. Zuerst finden
wir zwei Priestercollegien, von denen die Einen Μεγάβυζοι,
die Andern Ἐσσῆνες hiessen.

1) Οἱ Μεγάβυζοι waren nach der Hauptstelle bei Strabo [1]
Eunuchen. Wie schon der Beisatz καὶ ἀλλαχόθεν κ. τ. λ.
andeutet, waren diese Megabyzen Ausländer, und zwar aus
dem Lande, wo das Eunuchenwesen seine Heimat hat, aus
Persien. Mit Recht führt darum schon Hesychius das Wort
auf die Perser zurück, wenn er sagt: Μεγαβύζοι λόγοι μεγά-
λοι· ἀπὸ τοῦ Περσῶν βασιλέως καὶ οἱ τῆς Ἀρτέμιδος ἱερεῖς καὶ
οἱ στρατηγοὶ τοῦ βασιλέως, Μεγαβύζοι; und nach Curtius Rufus [2] wie nach Cicero [3] sind sie Magier. Alle neuern

---

[1] XIV, 641: Ἱερέας δ' εὐνούχους εἶχον οὓς ἐκάλουν Μεγαβύζους, καὶ
ἀλλαχόθεν μετιόντες ἀεί τινας ἀξίους τῆς τοιαύτης προστασίας καὶ ἦγον ἐν
τιμῇ μεγάλῃ. [2] J. Freinsh. Suppl. I, 1. 25: Magi qui tum Ephesi de-
gebant. [3] De Divin. I, 23; vgl. auch Plutarch, De tranquill. animi, c.21.

Erklärer stimmen darin überein, dass das Wort nicht griechischen, sondern persischen Ursprungs sei. Die Griechen in ihrer Gewohnheit, alles zu hellenisiren, nannten sie graecisirt Μεγαλοβύσσους, vielleicht wegen der langen Byssuskleider, welche die persischen Magier zu tragen pflegten. Die Bedeutung des Wortes ist nicht sicher festgestellt. Nimmt man aber die Erklärung Hesychs, sowie die Stelle in den Persern von Aeschylos [1], wo einer der Grossen, Führer des Heeres Μεγαβάζης heisst, ferner die Stellen bei Ctesias [2] und bei Herodot [3], wo ein Megabazus oder Megabyzus ebenfalls als bedeutende Persönlichkeit im Reiche erscheint, so geht aus der Vergleichung derselben hervor, dass das Wort bei den Persern der Titel des Feldherrn war, und bei den ephesinischen Priestern derselbe also auf das geistliche Gebiet übertragen ist. Es ist ja aus obigem bekannt, dass die Priester über das Tempelland in Ephesos, wie im Mittelalter die Inhaber der grossen Abteien [4], als unbeschränkte Gebieter im Namen der μεγάλη θεός herrschten und männliche wie weibliche Diener nach Tausenden unter ihrer Botmässigkeit standen. Man kann darum vielleicht die Megabyzen als Herzöge und Bischöfe mutatis mutandis bezeichnen. Sie waren Castraten; ob diese alte Persersitte noch in unsrer Periode bestand, ist ungewiss. Strabo [5] fügt allerdings bei: Νυνὶ δέ τὰ μὲν φυλάττεται τῶν νομίμων τὰ δ᾽ ἧττον, und daraus liesse sich folgern, dass die ἐκτομή zu seiner Zeit nicht mehr stattfand, besonders weil wir wissen, dass die römischen Behörden derselben streng entgegentraten. Curtius [6] und Bernays [7] halten es für höchst wahrscheinlich, gestützt auf die Imperfecta εἶχον ἐκάλουν bei Strabo l. c., dass Octavian diese asiatische Unsitte abgeschafft habe. Doch giebt es einige Bedenken dagegen. Einmal wissen wir, dass die Castration durch ein

---

[1] Vs. 22. [2] Fragm. de rebus Persicis 32—43 passim. [3] III, 70. 81; IV, 143. 144; V, 1. 14. 23. [4] vgl. z. B. St. Denys bei Paris. [5] XIV, 641. [6] Beiträge, p. 30. [7] Herakl. Briefe.

ausdrückliches Gesetz erst von Domitian [1] und mit Ver-
schärfung von Hadrian [2] für das ganze römische Reich verboten wurde, eine strenge Ueberwachung also doch erst
durch ein Gesetz möglich ward. Sodann spottet noch der
Pseudepigraph [3] „kein Hund verschnitt je einen Hund, wie
ihr es mit dem Megabyzos der Göttin macht, weil ihr Scheu
davor hegt, dass ihrer Jungfräulichkeit ein Priester als
Mann diene. Auch die Göttin verdächtigt ihr der Unkeuschheit, wenn es euch bedenklich ist, ihren Dienst von einem
Manne versehen zu lassen". Aus dieser Stelle geht jedenfalls mit Sicherheit das hervor, dass die Castration noch
in frischem Andenken während des ersten Jahrhunderts
stand. — Die Lebensweise der Megabyzen war eine heilige [4],
und wohl wie die persischen Priester kleideten sie sich
weiss, schliefen auf der Erde, vermieden Fleischspeisen.
Auf Münzen und Inschriften findet sich auch der Name
ἀρχιερεύς [5] und für ihr Amt ἀρχιερωσύνη. [6] Ihr Ansehen war
ganz orientalischer Auffassung gemäss sehr gross. [7] Ach. Tatius [8] erzählt einige Vorfälle, welche die grosse Autorität
hinlänglich beweisen.

2) Als zweites Collegium werden genannt οἱ Ἐσσῆνες. [9]
Auch über dieses Wort sowie über diese Priester besteht
noch keine feste Ansicht. Guhl [10] meint Ἐσσήν sei der
Name des Oberpriesters, weil bei Suidas s. v. das Wort mit
ὁ βασιλεὺς κύριος τῶν μελιττῶν, Bienenkönig, erklärt wird.
Curtius [11] nimmt an, es sei verwandt mit ἑσμός, Bienen-
schwarm, und bedeute die obersten Verwaltungsbeamten.
Allein eine richtigere Ansicht scheint uns aus der Etymologie des Wortes hervorzugehen. Wie Μεγάβυζοι kein grie-
chisches Wort ist, ist dasselbe der Fall mit Ἐσσῆνες, wie

---

[1] Suet. Dom. 7. [2] Digest. 48, 8. 4. [3] Heracl. Briefe IX., ed. Bernays, p. 93. [4] Strabo XV, 727: Οὗτοι μὲν οὖν σεμνοῦ τινός εἰσι βίου
ζηλωταί. [5] Eckh. D. N. II, 513. C. I. Gr. 2955. [6] C. I. Gr. 2987. 7.
[7] Strabo l. c. ἐν τιμῇ μεγάλη. [8] VII, 3. [9] Paus. VIII, 13. 1. [10] Ephesiaca, p. 106. [11] Ephesos. Ein Vortrag, 1874, p. 36.

schon Tittmann gesehen. Es ist vielmehr ein semitisches Wort, verwandt mit חֹזֶה, חֹזֶה, Seher (vgl. מְלִיצָה, Dolmetscherin = μέλισσα), ὅρασις, μαντεία, visio, und bedeutet demnach οἱ μάντεις, die Orakel gebenden Priester der Göttin. So erklärt es Josephus [1]; und auch Hesychius kann hieher gezogen werden, wo ohne Zweifel statt 'Εσσήτιοι 'Εσσήνιοι (= 'Εσσῆνες) zu lesen ist. Vgl. auch Stephanus Thesaur. s. v. Die Essener sind also das Collegium der Priester, welche im Namen der Göttin Orakel gaben und weissagten. Dass dies von den Artemispriestern geschah, ist gewiss, indem Curtius Rufus [2] erwähnt, wie die Priester bei der Geburt Alexander's geweissagt und den Brand des Tempels erklärt hätten. [3] Bei dem Zauberwesen, welches sich an die Artemis knüpfte, ist es nur zu erklärlich, dass auch Orakel gegeben wurden; natürlich geschah dies nur gegen Geld und bildete gewiss eine gute Einnahme. Befremdlich mag es allerdings sein, dass bei Pausanias [4] die Hestiatoren, welche die grossen Opferschmäuse zu veranstalten hatten, auch 'Εσσῆνες heissen: καλουμένους .... ἐσσῆνας, allein diese Schwierigkeit löst sich wohl so am einfachsten, wenn man annimmt, dass jedesmal, wenn die grossen Feste waren, aus der Zahl der Essener einige als ἑστιάτορες gewählt wurden.

3) Neben diesen zwei Priestercollegien finden sich nun Scharen von Priesterinnen. [5] In den Urzeiten waren es die Amazonen, das Sternengefolge der Mondgöttin. Diese Einrichtung der Hierodulen blieb bestehen. In allen Zeiten mussten es keusche Jungfrauen sein, da keine Frau den Tempel betreten durfte bei Todesstrafe. [6] Die Reinheit einer Jungfrau wurde, bevor sie eine δούλων τῇ θεῷ werden konnte, erprobt durch Berufung auf den unmittelbaren Beweis des Gottes Pan in seiner Grotte bei Ephesos.

---

[1] Ant. III, 7. 4. [2] I, 1. 24. 25. [3] Vgl. auch Cic. de Div. I, 23. [4] VIII, 13. 1. [5] Strabo XIV, 641: Συνιεράσθαι δὲ τούτοις sc. Μεγαβύζοις ἐχρῆν παρθένους. [6] Ach. Tat. VII, 13.

War nämlich gegen eine Jungfrau der Verdacht der Unkeuschheit vor ihrer Hingabe an die Göttin entstanden, so
musste sie in jene Grotte treten und die Thüre wurde verschlossen. Sei sie schuldlos gewesen, so habe man, erzählt
Ach. Tatius [1], die hellen Töne der Flöte, welche Pan, den
Ort der Artemis weihend, dort aufgehangen haben soll, gehört; die Thüre habe sich von selbst geöffnet und die Jungfrau sei unverletzt herausgetreten; im entgegengesetzten
Falle aber sei die Flöte verstummt, man habe Wehklagen
gehört, die Thüre sei verschlossen geblieben und das Mädchen verschwunden. Eine zweite Probe berichtet derselbe
Schriftsteller. [2] Die Angeschuldigte musste am Halse mit
einer Tafel, worauf die Versicherung ihrer Keuschheit stand,
in das im Tempelgebäude befindliche Styxwasser steigen;
blieb das Wasser ruhig, so war sie keusch, wurde das
Wasser dagegen aufgeregt und ging es höher, bis zur Tafel an des Mädchens Halse, so galt dies als ein Zeichen
ihrer Unreinheit. Eine solche Probe hiess die Ἀρτεμισιακὴ
κρίσις. [3] Die Zahl der Hierodulen recrutirte sich meist aus
den, ihren Herrinnen wegen grausamer Behandlung ent-
flohenen Sclavinnen. [4] Sie zerfielen in drei Classen, wie
aus verschiedenen Inschriften hervorgeht: μελλιέραι, ἱέραι
und παριέραι; über die dem entsprechende Thätigkeit ist
nichts bekannt, als dass sie bei den Opfern den Ober-
priestern beistehen mussten. [5] Aus einer Inschrift [6], wo es
heisst γένος ἱερείων καὶ κοσμητείρων, geht hervor, dass die
Hierodulen auch das Schmücken des Artemisbildes zu besorgen hatten, eine weit verbreitete Sitte bei den Schnitz-
bildern. Müller in seiner „Archäologie der Kunst", § 69,
sagt trefflich: „Die Hauptsache bei diesen Bildern war,
dass sie Gelegenheit gaben, die Gottheit nach menschlicher
Weise vielfach zu bedienen und zu besorgen. Diese Holz-
bilder wurden gewaschen, gebohnt, angestrichen, gekleidet,

---

[1] VIII, 6. [2] VIII, 12. [3] C. I. Gr. 2954. [4] Ach. Tat. VII, 16: Κατα-
φυγή. [5] Strabo XIV, 641. [6] C. I. Gr. 3002. 3003.

frisirt, mit Kränzen und Diademen, Halsketten und Ohr-
gehängen ausgeschmückt; sie haben ihre Garderobe und
Toilette und in ihrem ganzen Wesen entschieden mehr
Aehnlichkeit mit Puppen (manequins) als mit den Werken
der ausgebildeten plastischen Kunst." Dieses jeweilige Auf-
putzen und Ausstaffiren kam eben diesen Hierodulen zu.
Als Gesammtname all dieser Priesterinnen, deren Zahl nach
Analogie vom kappadocischen Comana, wo 6000 zu Strabo's
Zeit waren, sehr gross muss angeschlagen werden, galt $\mu\acute{\epsilon}$-
$\lambda\iota\sigma\sigma\alpha\iota$, Bienen, einmal wohl weil die Biene Symbol der
Göttin war, zum andern als Bezeichnung der Enthaltsam-
keit und Keuschheit, wie das Wort oft bei spätern Schrift-
stellern vorkommt, endlich auch als Ausdruck des festen
priesterlichen Organismus. [1] Diese Keuschheit aber be-
deutete bloss ihr Unverehelichtsein; eine Frau durfte den
Tempel nicht betreten (was hätte sie auch in diesem Hiero-
dulentreiben für eine unschickliche Umgebung gehabt!);
als der Göttin dienend war ihnen Ausschweifung erlaubt,
ja geboten, und gaben sie sich daher in majorem Deae
gloriam jedem gegen eine Geldabgabe preis. Ephesos war
berüchtigt dafür, dass es in Verbindung der Wollust mit
vermeintlicher Religion sehr weit ging. Nach Athenäus
gelobte sogar der gemeine Mann, wenn er etwas von der
Göttin erflehte, ihr einige Dirnen zuzuführen. Diese Prostitution wurde dadurch geheiligt und gerechtfertigt, dass
man der Göttin selbst Unkeuschheit zuschrieb [2]: sie führe
ein ausschweifendes Leben, unbändig in ihren Begierden,
wie die grosse Natur im fortwährenden Erzeugen.

4) Neben diesen weiblichen Hierodulen gehörten ferner
zum Tempeletat eine grosse Zahl männlicher Diener, welche
die verschiedenartigsten Verrichtungen hatten. Die Zu-
rüstung der grossen Opfer, welche täglich bei Sonnenauf-

---

[1] Vielleicht ist auch dieses Wort $\mu\acute{\epsilon}\lambda\iota\sigma\sigma\alpha$ als Bezeichnung für eine
Artemis-Hierodule auf das Semitische zurückzuführen = מְלִיצָה, wie
von Stickel angenommen wird.
[2] Heracl. Br. IX: Κατέγνωτε καὶ τῆς θεοῦ ἀκρασίαν.

und Untergang stattfanden, kam den ἀκριτοβάται zu [1], das
Anzünden des Räucherwerks auf dem Altar den ἐπιθυμίατροι. [2]
Ausserdem erscheinen auf den Inschriften von Ephesos Namen wie ἱεροκήρυκες [3], vgl. die heiligen Posaunenbläser im
Alten Testament, σπουδαυλαί [4], ἱεροσαλπιγκταί [5], welche alle
bei den pomphaften Opfern Verwendung fanden. Ebenso
werden noch genannt πρόπολοι [6], wo ihr Amt als das der
Tempelwache bezeichnet ist [7]; auch θεοπρόποι, nach Hesych
μάντεις ἐκ θεοῦ προλέγοντες, bei Herodot [8] wird es von denen
gebraucht, welche zur Befragung der Gottheit abgeschickt
werden. Wahrscheinlich ist es das untergeordnete Amt
derjenigen Hierodulen, welche die Vermittler zwischen den
fragenden Pilgern und den orakelgebenden Essenen waren.
Weitere Beamtete sind alle diejenigen, welche die grossartigen Festschmäuse und Gelage zu veranstalten hatten, die
sogenannten ἑστιάτορες. Sie bewohnten einen eigenen Raum
im Artemision, das ἑστιατόριον. [9] Aus dem grossen mithridatischen Volksbeschlusse kennen wir ferner die ἐκδανεισταί,
welche die ἱερὰ μίσθωσις zu besorgen hatten, d. h. ihnen
war sowohl der Grundbesitz wie der Tempelschatz anvertraut, um beide auf Zinsen auszuleihen. Diess thaten sie
an Unterhändler, Industrielle, Banquiers, welche dadurch
in ein Abhängigheitsverhältniss zur Priesterschaft traten.
Sodann gab es solche, denen die Annahme von Depositen
in die grosse Tempelbank oblag. Ueberhaupt lassen sich
hierher zählen alle diejenigen, welche Verpflichtungen
irgendeiner Art für den Tempel hatten; also die Silber-
und Goldschmiede, die Opferthierhändler, die Erzgiesser,
die Marmorarbeiter u. s. w.; ebenso die Leute, welche den
Fischfang der der Artemis geweihten selinusischen Flüsse ge-
pachtet hatten. Es liegt auf der Hand, dass wer nur irgend-
wie durch sein Geschäft auf den Tempel angewiesen war,

---

[1] Hesych. s. v. [2] C. I. Gr. 2983. [3] C. I. Gr. 2983. 2990. [4] C. I. Gr.
2983. [5] C. I. Gr. 2983. [6] Ach. Tat. VII, 16. [7] ib. VIII, 11. [8] VI, 135;
VII, 140 u. ö. [9] Paus. VIII, 13, 1. Hesych. s. v.

von diesem und dessen Bestehen lebte, auch in allen Lagen
auf Seite der Priesterschaft stand, in deren Macht es ja
lag, ihm Alles wieder zu entziehen. Die Zahl der zum
Tempelstaate Gehörigen kann darum nicht hoch genug angeschlagen werden. Die niedrigste Classe von Hierodulen bildeten endlich
alle die Männer und Weiber, welche den Ackerbau und die
Viehzucht auf dem zum Tempel gehörenden, nicht unbedeutenden Grundbesitze betrieben, welche den Tempel rei-
nigten, die Holzhauer, die Wasserträger, Schiffer, Canal-
arbeiter, welche letztern ναυβατοῦντες genannt die Canäle
und den Pilgerhafen in Ordnung zu halten hatten, die
Periegeten, welche als Fremdenführer dienten, den Geburts-
ort der Artemis und die übrigen Gnadenorte zeigten, die
Aufseher der Weihgeschenke. Alle diese Hierodulen lassen
sich am besten mit den Leviten des Alten Testaments vergleichen, welchen ebenfalls die niedern Verrichtungen am
Heiligthum zukamen.

c. Was sodann die Einkünfte des Tempels betrifft, so
sind uns verschiedene Arten derselben bekannt. Einmal
die Pachtgelder von den selinusischen Flüssen, sodann die
Zinsen von ausgeliehenem Capital, ferner Stiftungen und
Legate, welche nicht ungewöhnlich gewesen zu sein scheinen [1]; gewisse Zinsen von Tempelgrundstücken [2] und Ge-
richtsgebühren [3]; weiterhin flossen auch Geldmittel aus dem
Filiale des Artemisions, welches am Panormos gelegen zu
haben scheint [4]; endlich gingen durch den Verkauf von
Amuletten, Orakelsprüchen ohne Zweifel bedeutende Sum-
men ein. Die Capitalien, welche im Tempel deponirt waren,
erreichten zu allen Zeiten eine ansehnliche Höhe; denn
nicht nur die Stadt hatte ihren Schatz daselbst in Ver-

---

[1] C. I. Gr. 2953. 23: Ἐκ τῶν κληρονομίων.   [2] C. I. Gr. 2953. 40:
Τῶν τὰ ἔγγεια τέλη πριαμένων.   [3] C. I. Gr. 2953. 38: Τὸ ἐπίβαλλον αὐτοῖς
τῆς ἐγγυήσεως.   [4] Strabo XIV, 639: Εἶτα λιμὴν Πάνορμος καλούμενος
ἔχων ἱερὸν τῆς Ἐφεσίας Ἀρτέμιδος.

wahrung, sondern auch fremde Staaten und Fürsten be-
dienten sich dieser „antiken Bank von London", wie die
ephesinische Artemisbank treffend bezeichnet wurde; so
sagt Dio Chrys. [1]: πολλὰ χρήματα τὰ μὲν ἰδιωτῶν ἀποκει-
μένα... οὔτ' Ἐφεσίων μόνων, ἀλλὰ καὶ ξένων — τὰ δὲ καὶ
δήμων καὶ βασιλέως, und rühmt zu gleicher Zeit mit vielen
Worten die grosse Sicherheit und Rechtlichkeit des Instituts.

d. Der Gottesdienst selbst nun war ein sehr mannich-
faltiger und pomphafter. Jeden Morgen und Abend fanden
grossartige Opferfeierlichkeiten statt, welche von dem Oberpriester, der mit Lorbeer bekränzt, in Purpurgewänder
gekleidet, geleitet wurden. Das ganze Dienstpersonal war
dabei zugegen und beschäftigt. Welcher Art die Opfer
gewesen sind, ob blutig oder nicht, ist ungewiss; dagegen
steht fest, dass der Göttin ein Bienenopfer dargebracht
wurde, ebenso Salz; Schutz- und Hülfesuchende stellten sich
mit Früchten als Weihegabe ein. An gewissen Tagen wurde
das Bild der Göttin auf dem reich geschmückten, von
Maulthieren gezogenen Wagen durch die Stadt gefahren.
Diese grossen Processionen geschahen unter der berau-
schenden Musik von Cymbeln, Pfeifen, Pauken, unter orgi-
astischen Tänzen der fanatischen Priester. Auch sonst
scheinen die Diener der Göttin mit Paukenschall durch die
Stadt gezogen zu sein, und der Pseudepigraph [2] weiss nur
vom schlimmsten Unfug zu berichten, welchen diese (τυμ-
πανίσαντες) Wanderpriester unter dem Schutze derselben
trieben. [3] Besonders grossartig und pomphaft waren aber
die Festaufzüge und Festgelage im Monat März, welcher der
Artemis heilig [4] und ὁ Ἀρτεμισίων genannt wurde. Dieser
mit Gelagen verbundene Aufzug heisst auf einer ephesinischen, von C. Curtius [5] publicirten Inschrift δειπνοφοριακή

---

[1] XXXI, 535. [2] Heracl. Br. VII. [3] Vgl. über diese heiligen Zi-
geuner Apul. Metamorph. VIII und IX. [4] Lebas, Voyage n. 137:
Προσῆκον δὲ εἶναι ἡγούμενος ὁ δῆμος Ἐφεσίων ὅλον τὸν μῆνα τὸν ἐπώνυ-
μον τοῦ θείου ὀνόματος· εἶναι ἱερὸν καὶ ἀνακεῖσθαι τῇ θεῷ. [5] Herm. IV, 204.

πόμπη, und es scheint nach Curtius' Vermuthung, dass das
bisher unbekannte Wort δειπνοφοριακή dieselbe Sitte bezeichnet, welche in Athen herrschte; dort trugen nämlich
am Feste der Oschophorien Jungfrauen, δειπνοφόροι genannt,
Speisen nach dem Phaleron. [1] Die Mittel für diese κατα-
κλίσεις oder δεῖπνα müssen zuweilen gefehlt haben, denn in
einer andern Inschrift [2] werden von den vorhandenen Gel-
dern (τοῖς προϋπάρχουσιν πόροις) unterschieden die κοινὰ τῆς
γαρουσίας χρήματα, d. h. es wurden auch noch städtische
Mittel verwendet, wenn die des Tempels nicht genügten.
Neben diesen Festmahlzeiten fanden im gleichen Monat, der
überhaupt ganz von Festlichkeiten absorbirt wurde, die von
ganz Jonien besuchten Spiele zu Ehren der grossen Göttin
statt, welche bald τὰ Ἐφέσια, bald τὰ Ἀρτεμίσια, bald auch
τὰ Οἰκουμενικά genannt werden. Sie zerfielen in gymna-
stische und in musische Spiele. Die ersteren umfassten
Faust- und Stierkämpfe, auch Wettkämpfe im Stadion [3];
dem Sieger wurde von der Stadtgemeinde eine Statue errichtet. Die letztern bestanden aus grossen Chorgesängen,
aufgeführt von festlich geschmückten Jungfrauen und Jüng-
lingen ganz Joniens, welche in feierlichem Festzuge sich
vereinigten; ihr Preis war gewöhnlich ein Kranz. Im Haine
Ortygia hielt dann diese Jugend prachtvolle Zusammenkünfte und Gastmahle. [4] Neben ihr traten auch Dichter
auf, und trugen ihre Producte vor, ebenso fanden Rapsoden-
wettkämpfe statt. Alles hatte dabei einen heitern, fröh-
lichen Anstrich. Der Fremdenverkehr war enorm, da der
Glanz der Festlichkeiten die Bevölkerung des ganzen Landes anzog; wer nur irgend konnte, machte diese Wallfahrten
nach dem Artemision im Frühjahre mit. Hier nun ganz
besonders griff jene Unsittlichkeit um sich, die, je enger
sie mit dem Heiligthume in Verbindung stand, desto ab-
scheulicher war und desto verderblicher auf die Moral des

---

[1] Plut. Thes. 23.   [2] Herm. IV, 205.   [3] C. I. Gr. 2999 nach Böckh.
[4] Strabo XIV, 610.

Volkes wirken musste. Ganz zutreffend sagt darüber J. Soury [1]: „On s'y rendait en foule pour accomplir des vocux, offrir des sacrifices, célébrer les fêtes. Les villes de pélérinages sont toujours devenues des villes de plaisir. Des étrangers, des marchands, des militaires y étaient ruinés en quelques jours. Ces cités saintes étaient les bazars de l'Orient.‟ Noch nähere Details über diese Feste dürfen wir von der Publication einiger durch Wood aufgefundenen Inschriften erwarten, wie aus einem Berichte der Academy [2] hervorgeht, wonach eine sehr umfangreiche Inschrift berichtet von „the route by which on the birthday of the Goddess, her treasures were to be carried in procession from the temple to the great theatre and back to the temple through another city-gate called the Magnesian‟. [3] Mit Spannung kann man der Veröffentlichung dieser für das ganze Festleben des Artemisheiligthums wichtigen Inschriften entgegensehen. Zur Illustrirung der Feste aber darf die bereits oben berührte Stelle Herodot's [4] hierhergezogen werden, wo er eine Beschreibung der Wallfahrt nach dem aegyptischen Bubastis-Tempel, dem Zwillingsheiligthum des Artemisions giebt. Er erzählt: „Nach Bubastis, der Stadt der Artemis, wo die heiligen Katzen aus ganz Aegypten mumisirt und in Kapellen beigesetzt sind [5], fahren zugleich Männer mit Weibern, eine grosse Menge in jedem Schiffe. Während der ganzen Fahrt rasselt ein Theil der Weiber mit Klappern, ein Theil der Männer spielt die Flöte, ein gemischter Chor, bestehend aus all den Uebrigen, singt und klatscht dabei mit den Händen. Wenn sie nun auf der Thalfahrt zu einer andern Stadt gekommen sind, stossen sie das Schiff an das Land und thun folgendes: der Klapperchor klappert, ein anderer Weiberchor singt

---

[1] Revue des Deux Mondes, 1873, Octobre, p. 933. [2] Journal for Literature, Science and Art, London, 1872, III, 285. [3] Vgl. auch Stark, Nach dem griechischen Orient, Reisestudien, 1874, p. 225. [4] II, 138; II, 60. [5] II, 67.

neckende Lieder, wieder ein anderer tanzt; noch andere stehen aufrecht und entblössen sich (ἀνασύρονται). Diess thun sie bei jeder Stadt, welche am Ufer liegt; wenn sie aber nach Bubastis kommen, herrscht grosse Feststimmung, prächtige Opfer bringen sie, und Wein von der Rebe geht an diesem Feste mehr drauf als sonst im ganzen Jahr. Männer und Weiber, ausser den Kindern, finden sich da zusammen, und wie die Einheimischen berichten, sind es an die 700,000 Personen. Der Tempel [1] ragt weit über die ganze Stadt empor mit seinen Vorhallen und Bildsäulen. Das Ganze desselben ist mit einer Mauer (vgl. den Peribolos des Artemisions) umschlossen und in dieselbe Bildwerke eingelassen; innerhalb derselben ist ein Hain mit grossen Bäumen (vgl. den Ortygiahain). Zwei Canäle umgeben die ganze Anlage." So weit Herodot über die πανήγυρις δὲ συχνάς, μάλιστα μὲν καὶ προθυμότατα ἐς Βούβαστιν πόλιν τῇ Ἀρτέμιδι. Wir finden hier also dieselbe Pracht, denselben Festtaumel, dieselbe Unsittlichkeit; denn wer sind jene Schamlosesten, die sich entblössen? Niemand anders als die Hierodûlen der Bubastis-Artemis. Hier also wie dort am Kayster Unzucht im Bunde mit vermeintlicher Religion. Herodot sagt diess nicht, weil er in den älteren Bestand-theilen seines Werkes alles so erzählt, wie es auf die Zu-hörer und Leser die überraschendste Wirkung hat. — Dass ferner die Stadt selbst sowie der Tempel grossen Gewinn von diesen Festen hatten, liegt auf der Hand. Besonders aber fanden ihre Rechnung dabei alle jene Goëten, Gaukler, Amulettenhändler, welche damals überall sich herumtrieben, vorzugsweise an Orten, wo öffentliche Feste und Messen gefeiert wurden. [2] Nimmt man noch hinzu, dass die Artemis als Beschützerin der Magie und des Zauberwesens galt und dass die geheimnissvollen Worte an ihrem Gürtel wunder-thätig sein sollten, so lässt sich denken, welch eine Geheim-nisskrämerei dort stattfand. Ganz trefflich sagt Creuzer [3]

---

[1] II, 138. [2] Dio Chrys. VIII, 278. [3] Symbolik II, 597.

von Ephesos, die Stadt sei eine wahre Officin magischer
Künste und Täuschungen. Astrologie, Thaumaturgie war
im grössten Schwange in jener Zeit der Trostlosigkeit, wo
der alte Götterglaube schon längst verschwunden. Fanatische Verehrung der wunderthuenden Göttin, Wunderkuren,
Theurgie, Dämonologie, Todtenbeschwörungen zeigen uns
jene finstere Macht des Aberglaubens, wo der Mensch an
allem Wahren verzweifelnd seine Zuflucht bei geheimnissvollen Mysterien nimmt. Besonders berühmt als Schutz
gegen die invidia deorum et hominum waren aber die
schon erwähnten Ἐφέσια γράμματα, welche am Gürtel, den
Füssen und dem Kranze der Artemis angeschrieben standen.[1]
Diese Räthselworte sollten eine geheimnissvolle Kraft besitzen (φυσικὸν νοῦν ἀλεξίκακον oder ἀντιπάθειαν φυσικήν),
und dienten daher als Amulete, welche in ledernen Beu-
teln getragen wurden.[2] Gewöhnlich werden sechs Worte
genannt, nämlich ἄσκιον, κατάσκιον, λίξ, τετράξ, δαμναμενεύς,
αἴσιον. Clemens Alex.[3] giebt die Bedeutung derselben;
nach ihm ist ἄσκιον die Finsterniss (τὸ σκότος, μὴ γὰρ ἔχειν
τοῦτο σκιάν), κατάσκιον das Licht (φῶς, ἐπεὶ καταυγάζει τὴν
σκιάν), λίξ die Erde (ἡ γῆ κατὰ ἀρχαίαν ἐπωνυμίαν), τετράξ
das Jahr (ὁ ἐνιαυτὸς διὰ τὰς ὥρας), δαμναμενεύς die Sonne
(ὁ ἥλιος ὁ δαμάζων), αἴσιον oder τὰ αἴσια, das Wahre (τὸ
ἀληθές); und fügt dann hinzu: Σημαίνει δ᾽ ἄρα τὸ σύμβολον
ὡς κεκόσμηται τὰ θεῖα· οἷον σκότος πρὸς φῶς καὶ ἥλιος πρὸς
ἐνιαυτὸν καὶ γῆ πρὸς παντοίαν φύσεως γένεσιν. Dieser Inter-
pretation gegenüber hat jedoch Stickel l. c. ganz Recht,
wenn er sagt: „Quis non videt plerasque earum longe pe-
titas contortasque esse et quae ferri omnino non possint?"

---

[1] Vgl. die treffliche, scharfsinnige Untersuchung von Prof. Stickel,
De Ephesiis Literis, Jenae 1860; Bulenger, Adv. Magos, II, 17—47;
Albert, Ad Hesych. s. v.; Lobeck, Aglaoph., p. 1163, et epimetr. I ad
Samothr., p. 1330; Eustath. ad Odyss., XIX, 247.
[2] Athen. XII, 548: Σκυταρίοις ῥαπτοῖσι φορῶν Ἐφεσήϊα γράμματα.
[3] Strom. V, 8. 46. •

Schon was das erste Wort betrifft, erwartet man eher, dass
ἄσκιον τὸ φῶς bedeute und κατάσκιον τὸ σκότος. Aber die
ganze Deutung aus dem Griechischen ist unhaltbar, vielmehr sind die Worte, wie Stickel scharfsinnig nachgewiesen
hat, nur aus dem Semitischen zu erklären, nämlich:

ΑΣΚΙ ΚΑΤ ΑΣΚΙ ΑΙΞ ΤΕΤΡΑΞΔ ΑΜΝ ΑΜΕΝ ΕΥ ΣΑΙ ΣΙΟΝ

= חשכי כהה השכי

האש התרצר אמן

אמן הוא שאחי ציון

i. e.   Tenebrae pallidae sunt tenebrae meae,
Ad ignem suspice fideliter,
Fidus ille qui collustrans praebet vitam.

Meine Finsterniss ist eine bleiche Finsterniss,
Siehe hinauf getreu zu dem Lichte,
Jener ist treu, welcher erleuchtend Leben verleiht.

Es ist klar, dass diese Worte mit dem semitischen
Gestirndienste zusammenhängen; Artemis, an deren dunklem
oder schwarzem Gnadenbilde dieselben angeschrieben standen, will sagen: „Die Finsterniss, in der ich mich be-
finde (als Mondgöttin) ist zwar nicht eine vollkommene,
sondern eine theilweise; blicke daher, o Mensch, hinauf
zum Feuer, zum wahren Lichte (der Sonne), welches ja
treu und beständig Leben erzeugt." Die Göttin spricht
sich also Leben durchaus nicht ab, ist sie ja doch die
Befruchtende und Nahrung gebende, sondern preist nur die
Sonne als den mächtigeren Urheber alles Lebens. Und da
das Lebenspenden wie das Beseelen von Erstarrtem und
Todtem auch in ihrer Macht lag, so scheint den ephesinischen Worten daher die magische Kraft zugeschrieben
worden zu sein, Tod und andere Uebel abzuwenden. [1]
Neben diesen Charakteren gab es aber natürlich mit der
Zeit immer mehr solcher γράμματα, welche von geschickten
Wundermännern, θαυματοποιοί, erfunden und als Amulete,
ἀλεξιφάρμακα, um Geld verkauft wurden. Diese προβασκάνια,

---

[1] Stickel l. c., p. 15.

wie sie auch hiessen, sollten die magische Kraft innehaben,
den Besitzer gegen bösen Zauber, überhaupt gegen jegliches
Unglück zu schützen. Mehrere Beispiele ihrer Wirkung
finden sich bei den Classikern. So berichtet Suidas [1], dass,
wenn ein Wettkämpfer diese Amulete bei sich trüge, er
dreissigmal Sieger sein würde; Eustathius, dass ein Ephesier in Olympia nicht besiegt werden konnte, weil er dieselben um seine Knöchel gewunden hatte; dass er aber, sobald man ihm die dreissig Charaktere abnahm, sofort über-
wunden würde; Plutarch [2], dass die Magier den Besessenen
vorzuschreiben pflegen, die γράμματα für sich herzusagen
und abzulesen. Auch soll Krösus nach Eustathius [3] seine
Rettung auf dem Scheiterhaufen diesem Verfahren zu verdanken gehabt haben.

So sehen wir also, dass mit dem Artemiscultus sich der
krasseste Aberglaube verband. Geschickte, schlaue Goëten,
welche in grosser Zahl die Stadt überflutheten, verstanden
es, alle diejenigen, welche noch religiöses Bedürfniss hatten,
in ihre Netze zu ziehen und reiche Ernten an dem abergläubischen Volke zu halten. Wie überall, so zeigte es
sich auch in Ephesos: man schwankte, alles alten Glaubens
bar, zwischen Aberglauben, Leichtfertigkeit und Gleichgültigkeit. Wer der letztern anheimgefallen war, sah in
der Artemis die grosse Göttin, welche nur noch für den
Reiz der Sinnlichkeit sorgte; heitre Schauspiele, Unterhal-
tungen, Lustbarkeiten, Wollust, welche sich mit den Arte-
misien verbanden, wurden ihm zur Hauptsache. Wer dagegen in seinem Innern unbefriedigt davon blieb, der verfiel dem geheimnissvollen, die Sinne berückenden Zauberwesen, als dessen Schutzpatronin ihm die Artemis galt.
Wer endlich nur in der Sucht nach Reichthum aufging,
der fand in seiner Artemis die mächtige Göttin, welche
ihm in seinem Streben förderlich war. Und so kann es
uns denn nicht wundern, wenn voll fanatischer Verehrung

---

[1] Ad. VII, 29. [2] Sympos. VII, 5, 4. [3] Ad Hom. Odyss. XXI, 247.

alle Bewohner noch immer in die Losung: „Gross ist die
Diana der Epheser" einstimmten. Die Macht und das
Ansehen der Artemis war damals noch keineswegs gesunken! Im Gegentheil beinahe allmächtig stand sie da
die Πρωτοϑρονία, in unvermindertem Glanze. Ihr Cultus
aber kann nur als ein Pfuhl aller Unsittlichkeit und Ge-
meinheit bezeichnet werden, weil er zuletzt ausschliesslich
zum Gelderwerb diente. Die gemeinste Selbstsucht offen-
bart sich in der gewerbsmässigen ἐκτομή für Eunuchen-
sclaven, in der Liederlichkeit von circa 5000 Weibern zum
Vortheil des Heiligthums, in den Geschäften, welche mit
dem Schandgelde betrieben wurden, in dem grossartigen
Handel mit Orakeln und Amuleten. Dass diese ächt semitische Gelderwerberei hinzukam, dass der Tempel, der
Cultus zuletzt nichts anderes als ein Geschäftsinstitut im
grossartigsten Massstabe wurde, dass die Unsittlichkeit
und Schamlosigkeit sich ungestört breit machte, und das
alles unter dem Deckmantel der Religion, vermehrt nur
den Abgrund und verdunkelt das finstere Nachtgemälde,
welches der Artemiscult in jener Periode uns darbietet,
noch mehr.

§ 2. Der Cultus der übrigen Götter.

Nachdem wir im vorhergehenden Abschnitt den Cultus
der grossen Artemis darzustellen versucht, haben wir nun
noch die übrigen Gottheiten zu erwähnen, welchen Verehrung in Ephesos zu Theil wurde. Es liegt nach dem
Vorigen auf der Hand, dass ihr Dienst unbedeutend muss
gewesen sein, im Vergleich mit dem glänzenden, Leben
und Handel beherrschenden der „Göttin von Ephesos"
κατ' ἐξοχήν. Interessant ist aber eine kurze Darstellung
gerade deshalb, weil der Unterschied des orientalischen
Gottesdienstes vom hellenischen um so eclatanter hervortritt. Denn hier haben wir es nur mit hellenischen Vorstellungen zu thun; die Göttergestalten treten uns so ent-

gegen, wie sie der leichte, phantasievolle Geist jenes genialen, ästhetisch angelegten Volkes herausgebildet hat. Wir treffen darum nicht jenes Massive, einheitlich Geschlossene der orientalischen Hierarchie, sondern jene Individualisirung und Anthropomorphiesirung, welche der ganzen hellenischen Mythologie ihren besondern Charakter giebt.

1) Leto, die Nachtgöttin, sollte nach eigener Aussage der Ephesier vor Tiberius [1] die Artemis geboren haben; die Geburtsstätte, ein Oelbaum, wurde damals noch (23 p. Chr.) gezeigt. Er war im heiligen Hain Ortygia und in seiner Nähe, vielleicht über ihm, erhob sich der Tempel der Leto. Auch hatte sie auf dem Koressos nach Stephanus von Byz. einen Altar: Κορησσὸς οὐ νῦν βωμὸς αὐτῆς. Mit ihrem Cult verband sich jedenfalls auch Zauberei und Sterndeuterei; denn sie galt im alten Griechenland als die vergötterte Astrologie, die Wissenschaft von der Bedeutung und der Causalität der Gestirne, verbunden mit Zauberei. Angesehen aber wurde sie nach Hesiod [2] für eine wohlthätige, freundliche Zauberin. Dass ihr Dienst in innigster Verbindung mit dem ihrer grossen Tochter stand, geht daraus hervor, dass nach Pausanias [3] im Artemision selbst eine Statue von ihr, durch Rhöcus angefertigt, aufgestellt war.

2) Apollo, der Sohn der Leto, hatte auch seinen Dienst in der Stadt. Auf den Münzen derselben erscheint er nackt und mit dem Lorbeerkranze auf dem Haupte; einmal bloss mit der Artemis zusammen. [4] Ihm war der zweite Monat des Jahres, unter dem Namen Apellaeus heilig; als Pythius hatte er einen Tempel unmittelbar am Stadthafen [5], als Gypaeus auf dem Berge Lyssos. Als Beschützer der Schiffahrt führt er den Namen Ἐμβάσιος [6] und ist so von Guhl [7] wohl mit Recht mit der Artemis Muny-

---

[1] Tac. Ann. III, 61. [2] 406 fg. [3] VIII, 38. 6. [4] Mionn. III, 451. [5] Athen. VII, 361. [6] Eckh. D. N. II, 516. [7] Ephesiaca, p. 121.

chia, welche nach Strabo [1] ebenfalls einen Tempel in Ephesos hatte, in Verbindung gebracht worden. Als Legende berichten die Ephesier vor Tiberius ipsum illic Apollinem post interfectos Cyclopas Iovis iram vitavisse und berühren damit die Sage, dass Apollo, dessen Sohn Asklepios von Cyclopen getödtet worden, weil er den Hippolytus durch Kräuter von den Todten erweckt hatte, sich an jenen gerächt habe, aber vor dem Zorne des Zeus, welchem sie Donnerkeile schmiedeten, in den Ortygiahain geflohen sei.

3) Hecate hatte nach Plinius [2] eine Statue im Artemision. Ueber ihre Beziehung zur Artemis siehe oben § 1.

4) Zeus, von dem Leto mit Artemis und Apollo schwanger sein sollte, fand wohl erst in der späteren Kaiserzeit besondere Verehrung. Wenigstens kennen wir erst aus der Zeit Hadrians einen Tempel des Zeus Olympius. Sein Cultus war damals sehr glänzender Art in Verbindung mit grossen Festen, welche nach ihrem Begründer Ἀδριανὰ Ὀλύμπια ἐν Ἐφέσῳ [3] genannt wurden. Auf einer Reihe von Kaisermünzen [4] ist Zeus dargestellt, wie er auf dem Gipfel des Berges Pion (dieser Name steht dabei) sitzend, in der linken Hand den Blitz hält und mit der rechten Regen ausgiesst; daraus lässt sich mit Curtius [5] schliessen, dass auf dem fruchtbaren Pion, dessen reiche Vegetation die Cypressen auf den Münzen bezeugen, ein berühmter Dienst des Zeus Hyetios seinen Sitz hatte, und zwar wahrscheinlich seit alten Zeiten.

5) Athena war durch Androklos schon nach Ephesos gebracht worden; ihr erstes Heiligthum stand auf dem Ausläufer des Koressos, wo jetzt das sogenannte Pauls-Gefängniss gezeigt wird. Der Dienst trat jedoch von da an zurück, als die Athener mit der Priesterherrschaft der Artemis ein Uebereinkommen abgeschlossen und sich zum Cultus der letztern verpflichtet hatten; und die Apaturien,

---

[1] XIV, 639. [2] XXXVI, 4. 10. [3] C. I. Gr. 2810. [4] Mionn. Suppl. VI, 113. [5] Beiträge, p. 2.

jene dreitägigen öffentlichen Festlichkeiten, welche im
Monat Pyanepsion von den Athenern und Joniern zu Ehren
der Geschlechtergöttin begangen wurden, fanden in Ephesos nicht mehr statt. [1] Ob die Athene in unserer Periode
überhaupt noch grosse Verehrung fand, möchten wir stark
bezweifeln, weil an ihre Stelle eben die Artemis getreten
war; doch liesse sich von Münzen, welche das Wort Ἄρηα,
nach Pausanias [2] Beinamen der Athene zu Athen und
Platäa haben, auf ihren Cult schliessen. [3]

6) Aphrodite hatte mit dem Zunamen ἑταίρα Verch-
rung gefunden.[4] Guhl nimmt zwei Tempel an und setzt ihre
Lage in die sumpfige Kaystergegend, quia ἐν καλάμοις Dea
dicta est. Aus einer griechischen Inschrift wissen wir, dass
ihr der Monat Kalamaeon heilig war. [5] Ihr Beiname deutet
zur Genüge an, in welchem Sinne sie verehrt wurde. Sie
war die Schutzgöttin der feilen Dirnen; der Dienst hing
ganz von der Richtung ab, welche der Geist der Bewohner
in dieser Beziehung nahm. Von der schreckenerregenden
Ausdehnung des Hetärenwesens zu Ephesos lässt sich auf
den verbreiteten Dienst dieser Göttin, welche zuletzt pure
Göttin der Unzucht wurde, schliessen.

7) Hermes scheint keinen besondern Cultus gehabt zu
haben. Es ist uns kein Tempel bekannt. Nur auf Einer
ephesinischen Münze steht sein Name. Guhl [6] schliesst
von den vielen Personennamen, in welchen Hermes vorkommt, wie Hermodorus, Hermonax, Hermogenes, Her-
mippus u. a. auf den Cultus des Gottes, weil bei den
Griechen die in einer Stadt vorzugsweise verehrten Gottheiten auch die natürlichsten und häufigsten Namengeber
der Bewohner gewesen seien. Nach dem Etym. Magn. [7]
scheint auch ein Hügel dem Hermes heilig gewesen zu
sein, weil nach der Sage von ihm der Götterbote nach
Ephesos kam, um die Geburt der Artemis zu melden; da-

---

[1] Herod. I, 147. [2] IX, 1. 1 und I, 8. 4. [3] Mionn. III, 238. [4] Athen.
XIII, 573. [5] C. I. Gr. n. 2953ᵇ. [6] p. 126. [7] s. v. Κηρύκειον.

neben findet sich in einer Variante statt Έρμῆς geschrieben Ήρακλῆς, wobei aber das Erstere den Vorzug verdient.

8) Poseidon war dagegen einer der allgemein verehrten Götter. Einmal als jonischer Bundesgott galten ihm die Panionien, welche meist in unsrer Stadt gefeiert wurden. Sodann wissen wir, dass ihm zu Ehren der Monat December den Namen Ποσειδεών führte.[1] Wo sein Tempel stand, ist nicht bekannt, dagegen erhellt aus einer Inschrift[2], dass er wohl in der Nähe der agora muss gelegen haben, wenn in seinen Vorhallen Getraideverkäufe unter Aufsicht eines πρόμετρος stattfanden. Ihm zu Ehren wurden jährlich Spiele veranstaltet, Ταύρεια ἑορτή genannt, mit grossen Gelagen verbunden. Die dabei Wein schenkenden Jünglinge hatten den Namen Ταῦροι[3]; er stammt vielleicht daher, dass nach Artemidorus[4] die ephesinischen Jünglinge mit Stieren kämpften, was aber jedenfalls in unsrer Periode nicht mehr der Fall war; oder weil der Stier bei den Griechen ein sehr gewöhnliches Symbol des Poseidon war.

9) Dionysos' Dienst finden wir seit den ältesten Zeiten heimisch, bringt ihn doch die Sage schon mit den Amazonen in Verbindung! So berichten die vor Tiberius plaidirenden Ephesier bei Tacitus[5]: Mox Liberum patrem bello victorem supplicibus Amazonum quae aram insederant ignovisse, und begründen damit das Asylrecht des Artemisions.[6] Sein Cultus war in ganz Jonien durch Weichlichkeit und Phantasterei ausgezeichnet, und die Feste, Διονύσια oder Λήναια genannt, wurden in Ephesos jeweilen mit grösster Ausgelassenheit begangen. Auch hatten sich hier wie überall an den Hauptsitzen des Bacchusdienstes orphische Mysterien angeschlossen mit ihren ascetischen Uebungen und symbolischen Gebräuchen, wie ja schon Heraklit ein

---

[1] C. I. Gr. 3028. [2] C. I. Gr. 3028: τούτου κήδονται οἱ ἐν Ἐφέσῳ ἐργάται προπολεῖται πρὸς τῷ Ποσειδῶνι. [3] Athen. X, 425; vgl. Hesych. [4] Onirocrit. II, 35. [5] Ann. III, 61. [6] Paus. VII, 2. 7; Plut. Qu. Gr. LVI.

Orphiker soll gewesen sein.[1] Wie toll der dionysische Orgias-
mus daselbst war, zeigt uns am deutlichsten Plutarch[2], der
erzählt, dass vor dem in die Stadt (41 a. Chr.) einziehenden
Antonius die Frauen als Bacchantinnen, die Männer und
Kinder als Faunen und Satyren einhertanzten. Ihm war
der Monat Ληναιών heilig, in welchem man auch ein Dio-
nysosfest, Ἀμβροσία genannt, feierte.[3]

10) Demeter. Den Dienst der eleusinischen Demeter
hatte schon Androklos nach Ephesos gebracht; seinen Nachkommen verblieb das Ehrenamt, die Heiligthümer der Göttin zu besorgen.[4] Die eleusinischen Mysterien pflegten, wie
in Griechenland, zur Nachtzeit gefeiert zu werden unter
allgemeiner Betheiligung. Welche Unsittlichkeiten aber in
diesen Nachtfeiern begangen wurden, das bezeugt der heraklitische Pseudepigraph, wenn er in seiner Schilderung des
öffentlichen Lebens in Ephesos unter den traurigen ge-
schlechtlichen Vergehungen auch das aufzählt, dass in den
frommen Nachtfeiern (ἐν παννυχίσιν) ein Mädchen aus ehr-
barem Bürgerhause durch Gewalt ihre Jungfrauschaft ver-
liere. Aus Plautus u. a. ist bekannt, dass solches Zufalle-
bringen bei den eleusinischen Mysterien nicht selten war.

11) Pan wurde in Kleinasien überall besonders gern mit
der „Grossen Mutter" verehrt. Als dem Gott der Berge
und der Wälder war ihm der waldige Berghügel, an dessen
Fuss das Artemision stand, geweiht. Dort lag auch jene
Grotte, welche er, seine Syrinx darin aufhängend, der Artemis heiligte, und wo die Keuschheitsprobe der Hierodulen
stattfand.[5]

12) Asklepios fand ohne Zweifel auch seine Verehrung,
wenn wir auch kein ausdrückliches Zeugniss dafür haben.
Da er ja die personificirte Heilkraft der Natur ist, wie sie
am wirksamsten in gesunden, schönen Gegenden empfunden
wird, so lässt sich vom herrlichen Klima unserer Stadt auf

---

[1] Clem. Alex. Strom. VI, 752. [2] Ant. 27. [3] Etym. Magn. [4] Strabo
XIV, 641. [5] Ach. Tat. VIII, 6.

seinen Dienst schliessen. Auch wissen wir, dass es zu verschiedenen Zeiten Schüler Asklep's von bedeutendem Rufe in Ephesos gab, so Xenokrates, Daphnes, welcher ἱερὸς κατὰ τὴν τέχνην καὶ κατὰ τὰ ἤϑη heisst, u. a., und auch ein ganzes Geschlecht, wo sich die Kunst forterbte, ἀρχίατρος ἐκ γένους.[1] Die Medicin aber wurde bekanntlich in Griechenland immer in Verbindung mit religiöser Weihe betrieben. Die zur Heilung dienenden Anstalten waren zugleich ἱερά des Asklepios.

§ 3. Heroen- und Kaisercultus.

1) Unter den Heroen war der Cultus des Herakles der bedeutendste und mit besonderem Glanze umgeben. In der Grund legenden Stelle bei Tacitus[2] führen die Ephesier vor Tiberius als Rechtfertigung ihres Asylrechtes den Umstand an, dass Herakles ihnen dasselbe gewährt habe, concessu Heraclis, cum Lydia potiretur (die Herrschaft von Sardis gewannen nämlich die Nachkommen des Bel von Aschur, welche sich Herakliden nannten; Her. I, 7), und dass der Glanz und die Pracht ihres Dianencults dadurch gewonnen habe, auctam hinc caerimoniam templo. Von der Bedeutung dieses letztern aber für das ganze Leben von Ephesos lässt sich abnehmen, wie hoch in Ehren der Heros bei ihnen gestanden haben muss. Sein Bild erscheint oft auf Münzen der ältesten und jüngsten Zeit, seine Bildsäule als Abwender des Unheils (ἀποτρόπαιος) stand im Theater.[3] Und so verbunden mit dem Stadtleben war Herakles, dass der heraklitische Pseudepigraph ihm den Namen ὁ Ἐφέσιος geben und ihn damit gleichsam in die ephesinische Bürgergemeinde aufnehmen konnte.[4]

Neben der Sage, dass er die Amazonen schützend aufgenommen und dadurch das Asylrecht begründet habe, fin-

---

[1] C. I. Gr. 2987. [2] Ann. III, 61. [3] Philostr. Vit. Apoll. IV, 100;
VIII, 7, 9. [4] πολιτογραφῶν ὑμῖν τὸν ϑεόν, IV, 18.

det sich auch die, dass er die Cercopen, welche sich παρα την Ἔφεσον aufhielten, συλλαβὼν ἔδησε Ὀμφάλῃ δουλεύων.[1] Wie schon die Stelle Tac. Ann. III, 61 mit Herod. I, 7 verglichen uns unter dem Herakles den assyrischen Herakles erkennen lässt, so auch diese letzte Stelle, indem die Legende der Omphale uns nach Sardis führt. Herakles erscheint hier als Μελάμπυγος, der von hinten Schwarze, der für die Erde dunkel ist, der Sonnengott zur Zeit des Wintersolstitiums, weist uns also wieder in den orientalischen Gestirndienst. „Der Sonnengott hat die Kraft verloren, er hat sich den Weibern zugewendet, trägt weibliche Kleidung und führt in den Armen der Omphale ein dienstbares (vgl. δουλεύων), knechtisches, aber auch üppiges, schwelgerisches Leben." Diese Zeit der Dienstbarkeit und Schwäche des Herakles ist die Winterperiode; und so lange Herakles in dieser Dienstbarkeit lebt, hausen umher die Cercopen (d. h. die hypostasirten Zeitperioden, wodurch die verschiedenen Stände des Wintersolstitiums bezeichnet werden). Allein die Sonne ermannt sich alsbald wieder von ihrer Schwäche, sie wird wieder zur kraftvollen Frühlingssonne, welche das ihr entgegenstehende Ungethüm siegreich bekämpft und darniederwirft. Die winterliche Zeit geht zu Ende; Herakles bändigt und unterwirft sich die Cercopen, d. i. „mit der kräftig wirkenden Sonne des Frühlings schwindet der Winter".[2] Anders fasst die Cercopen Guhl[3], der sie als marini daemones bezeichnet; und Preller[4], der unter ihnen diebische, durchtriebene Daemonen versteht und die Vorbilder dazu in den Dieben und Spitzbuben der grossen Handelsmärkte zu Sardis und Ephesos zu finden glaubt.

2) Nächst Herakles war es Androklos, der Begründer der Stadt, der Anführer der athenischen Colonistenschar, welcher in hohen Ehren gehalten wurde und als Heros auf

---

[1] Apoll. II, 6, 3. [2] Creuzer, Symbolik, II, 628. [3] p. 136—138.
[4] II, 160.

Münzen der Stadt öfters erscheint. Durch Pausanias [1] wissen wir, dass eine Statue von ihm vorhanden war.

3) In ähnlichem Sinne wurde, wie schon früher [2] erwähnt, der Hirt Pyxodorus verehrt, welcher das grosse Marmorlager auf dem Pion entdeckt hatte. Da aus dem Steinbruche das Material zum Artemistempel genommen worden, so bestimmte das ephesinische Volk aus Dankbarkeit, dass dem glücklichen Finder, welcher fortan den Namen εὐάγγελος trug, jährlich an einem bestimmten Tage Opfer gebracht und Festlichkeiten veranstaltet werden sollten. [3]

Ausserdem fanden auch Kaystros, Cenchrios, Marnas, Koressos, Ephesos göttliche Verehrung.

Endlich fügen wir noch bei, was über die Kureten zu sagen ist. Sie hatten, wie Strabo [4] bezeugt, auf dem Solmissosberge ein Heiligthum, weil sie bei der Geburt der Artemis die eifersüchtige Juno von der kreisenden Leto durch Waffenlärm abgehalten hätten. Die Kureten, nach griechischen Vorstellungen Personificationen des rollenden Donners bei Gebirgsgewittern, wurden als die ersten Verehrer der grossen Muttergöttin von Ephesos gedacht und waren wohl, wie Curtius [5] vermuthet, die männlichen Gefolgschaften, welche ihr zu Gebote standen. Ihnen zu Ehren nun fand jährlich eine πανήγυρις mit grossem Festschmause auf dem Solmissos statt, verbunden mit Opfern, welche Strabo τινὰς μυστικὰς Ͽυσίας nennt.

4) Zum Schlusse dieser ganzen Untersuchung haben wir noch die jüngste religiöse Erscheinung zu Ephesos, welche erst in unserer Periode ihren Anfang nimmt, zu betrachten, nämlich den Cultus der römischen Kaiser. Nirgends im römischen Reiche ist derselbe so dem Character der Bewohner entsprechend gewesen als im Orient. Hier war die göttliche Verehrung von Fürsten und hochstehenden Männern etwas Altes; sie war dort zu Hause diese servile Adu-

---

[1] VII, 2. 9. [2] Cap. III, § 1. [3] Vitruv. X, 7. [4] XIV, 633. [5] Beiträge, p. 11.

lation der Despoten und ging von da zu den Griechen und
Römern über. Besonders die jonischen Städte, welche in
ihrem Wohl und Wehe, in ihren Handelsinteressen, mit Ausnahme einer kurzen Zeit, von der Gunst orientalischer Po-
tentaten mehr oder weniger abhängig waren, und ihnen
voran Ephesos, zeichneten sich in der Adoration der Göttin
Roma und des Numen Augusti durch Eifer, ja Zudringlich-
keit aus. Ephesos that das, man kann sagen, aus fast
tausendjähriger Gewohnheit; schon den Gygaden, dann dem
μέγας βασιλεύς, endlich den Diadochen gab es officiell wie
einem Gott Ehre, nicht als ob es dem einen mehr, dem andern
weniger verdankte, nein, jedem Machthaber, von dem es
abhing, zollte es dieselbe Verehrung. Als daher die Stadt
an Rom kam, wandte sich ihre Adulation dieser Göttin zu.
Schon Caesar wurde, wie wir aus einer ephesinischen Inschrift [1], wo er θεὸς ἐμφανὴς καὶ κοινὸς τοῦ ἀνθρωπίνου βίου
σωτήρ heisst, wissen, und nach ihm Octavian bei seinem
Leben als Gott verehrt. Im Jahre 29 a. Chr. gestattete der
letztere den römischen Bürgern in Ephesos ein templum
Romae et Divi Julii, den Griechen aber der Provinz Asia
in Pergamum einen Tempel zu bauen. [2] Wie wir bereits
Cap. II, § 3 gesehen, schränkte Tiberius den Cultus ein,
dagegen drang Caligula mit Strenge darauf, und von da an
nahm derselbe, wenn auch der schwache Claudius sich göttliche Adoration bei Lebzeiten verbat [3], immer grössere Ausdehnung an. Ephesos zeichnete sich darin immer mehr
aus und ging unter Nero schon so weit, jenen Ehrentitel
νεωκόρος, welcher, wie wir oben gesehen, ursprünglich das
dienende Verhältniss der Stadt zur Schutzgöttin bezeichnet,
auch in Bezug auf den Kaisercultus anzunehmen, wie aus
zahlreichen Münzen hervorgeht. [4]

Was sodann die Gestaltung des Cultus betrifft, so war
zur Bedienung des Tempels ein eigener Priester mit dem

---

[1] C. I. Gr. 2957. [2] Dio Cass. LI, 20. [3] Dio Cass. LX, 5. [4] Mionn.
III, 253.

Titel ἀρχιερεύς Ἀσίας ναοῦ τοῦ ἐν Ἐφέσῳ κοινοῦ τῆς Ἀσίας, welcher am Geburts- und Todestage der einzelnen Cäsaren grosse Opferfeierlichkeiten zu veranstalten hatte. Dieser Priester bildete mit denen in den übrigen Städten (Smyrna, Sardis u. s. w.) ein collegium; an der Spitze stand der sacerdos provinciae, der ἀρχιερεύς τῆς Ἀσίας, welcher auch kurzweg ὁ Ἀσιάρχης genannt wurde. Dieser hohe Beamte wurde gewählt aus den angesehensten und reichsten Personen, welche entweder in ihrer jeweiligen Stadtgemeinde honores municipales bekleidet oder römischen Ritterrang erhalten hatten, und zwar auf ein Jahr, doch konnte dieselbe Person mehreremal diese Stellung einnehmen [1] und nannte sich dann Ἀσιάρχης β΄ γ΄ etc. [2] Die abtretenden Asiarchen behielten diesen Ehrentitel bei und bildeten bald einen eigenen, hochangesehenen Stand, aus deren Mitte besonders gerne Gesandte an den römischen Kaiser gewählt wurden. [3] Erwähnung finden dieselben auch in der bekannten Stelle Act. Apost. XIX, 31, wo τινές δε καί τῶν Ἀσιαρχῶν sich als Freunde und Rathgeber des Apostels Paulus bewiesen. [4]

Der Cultus bildete sodann den Mittelpunct der neu eingerichteten Provinciallandtage (communia, κοινά), welche sehr häufig, ja gewöhnlich, in Ephesos, als der Provincialhauptstadt, abgehalten wurden. Es geschah unter grossem Pomp und einem feierlichen Aufzug, bei welchem die Stadt den Vortritt führte und deshalb den Namen πρωτεύουσα τῆς Ἀσίας, Vorort von Asia, hatte. [5] Die Leitung der Festgemeinschaft kam dem Ἀσιάρχης zu; er präsidirte der Versammlung des κοινόν [6], welche von Abgeordneten aller Städte der Provinz beschickt wurde. In derselben wurden allgemeine Angelegenheiten verhandelt, wie Etatentwurf für den Unterhalt der Tempel, Ausschreibung der Beiträge,

---

[1] Diog. L, 4. 17: Sponte provinciae sacerdotium iterare nemo prohibetur. [2] C. I. Gr. 3190. [3] Philostr. Vita Soph. I, 21. 6. [4] Vgl. unten Cap. V, § 2. [5] Jos. Ant. XIV, 10. 14. [6] C. I. Gr. 3487.

Beschlüsse in Betreff der Errichtung von Statuen und Denk-
mälern, Wahl des 'Ασιάρχης fürs nächste Jahr u. dgl. m.
Die Verwaltung der Gelder für den Tempel, sowie der zu
Festzwecken legirten Capitalien [1] kam ebenfalls dem Pro-
vinzialpriester zu, welchem mehrere Unterbeamte dazu beigegeben waren; so wird auf einer Inschrift ein ἀργυροταμίας
τῆς 'Ασίας [2] erwähnt. Die grossartigen Spiele, Καισάρεια
genannt, hatte der 'Ασιάρχης auf eigene Kosten zu veranstalten; sie wurden, wie sich denken lässt, sehr fleissig besucht und mit unerhörtem Pomp begangen.

---

[1] C. I. Gr. 2741. [2] C. I. Gr. 2782.

FÜNFTES CAPITEL.

Das Judenthum und Christenthum zu Ephesos unter dem Principate der gens Julia-Claudia.

(30 a. Chr. — 70 p. Chr.)

§ 1. Die jüdische Gemeinde.

Schon seit alter Zeit begannen die Niederlassungen der Diasporajuden in der Provinz Asia, wie in allen übrigen Provinzen, sodass bereits um das Jahr 140 a. Chr. die Sibylle sagt [1]: πᾶσα δὲ γαῖα σέϑεν πλήρης καὶ πᾶσα ϑάλασσα. Wo Handel blühte, wo Aussicht auf Gewinn und Reichthum war, da stellten sich auch die Juden und die Jüdinnen ein; so hatte der grosse Bezwinger der Cimbern und Teutonen eine Jüdin als Prophetin bei sich, Martha, genannt Syra, was aber damals (ca. 100 a. Chr.) durchaus nur allgemeine Bezeichnung für Palästino-Syra ist. Philo [2] berichtet, dass in Asien jede Stadt von einer sehr grossen Menge Juden bewohnt sei. Diess war ganz besonders der Fall in Ephesos, wie unzweifelhaft aus den wichtigen Privilegien derselben in der Stadt hervorgeht. Auch zeigt die Geschichte des Apostels Paulus, dass das Judenthum in geordneten Verhältnissen daselbst lebte.

---

[1] III, 271. [2] Leg. ad Caj. § 33.

a. Wir betrachten zuerst ihre **politische Verfassung.**
Dem ganzen Volkscharacter gemäss finden wir sie auch in
Ephesos als von der übrigen Einwohnerschaft getrennte
Gemeinde, welche wohl auch einen besondern Stadttheil,
vielleicht auf dem Pion, bewohnte. Schon Antiochus II.
Theos hatte ihnen ums Jahr 250 a. Chr. das Bürgerrecht
verliehen und ihnen erlaubt, sich Ephesier zu nennen. Diese
Gunst und bevorzugte Stellung wussten sie sich trotz aller
Verfolgung und Beeinträchtigung von seiten der städtischen
Bevölkerung bis in die christliche Zeit zu erhalten. Unter
Octavian machten zwar die Behörden ernstliche Anstren-
gungen, der Judenschaft das Bürgerrecht zu entziehen,
allein der Staatsminister Agrippa bestätigte alle ihre alten
Rechte, indem der in seinem Gefolge befindliche Herodes
Fürsprache für die Juden einlegte (17 a. Chr.). Die Beschlüsse, welche die Stellung der Juden in Ephesos innerhalb der Commune endgültig regeln sollten, waren vom Proconsul Dolabella abgefasst, nicht ohne seinen fördernden
Einfluss; denn er war immer tief in Schulden und für Geld
konnte man bei ihm, wie übrigens bei seinen Standes-
genossen, selbst bei Brutus und Cassius, alles haben. Diess
ist der wesentliche Grund der Privilegien, welche die Juden-
schaften in den Provinzen des römischen Reiches genossen,
wie seit Cäsar ziemlich klar hervortritt. Ohne Zweifel
hatten die Juden in Ephesos sich zuerst durch Geschenke
den Dolabella geneigt gemacht und dann auf seine Fürsprache hin bei Agrippa die Bestätigung erlangt, wozu
Herodes noch ein gutes Wort einlegte. Josephus [1] theilt
uns die betreffenden Decrete mit. Darnach waren die Juden
frei vom Militärdienst, durften am Sabbat nicht als Zeu-
gen vor Gericht gezogen werden, hatten eigene Gerichtsbarkeit, unabhängig vom städtischen Gerichtshof, und freie
Religionsübung. Dass diese Bestimmungen jedoch auch
nachher nicht fest eingehalten wurden, geht aus den vielen

---

[1] Ant. XVI, 6. 4. 7.

Klagen der Juden hervor, welche sie bei verschiedenen
Beamten einbrachten. So sah sich der Proconsul Julius
Antonius veranlasst, die Ephesier in einem besondern
Schreiben daran zu erinnern, dass der Kaiser den Juden
erlaubt habe, χρῆσϑαι τοῖς ἰδίοις νόμοις καὶ ἔϑεσιν, ποιεῖν κατὰ
τὰ πάτρια.[1] Neben dem städtischen Bürgerrecht hatten sie
es aber auch verstanden, sich das römische Bürgerrecht
mit seinen Vorzügen zu erwerben. Besonders war damit
verbunden, dass sie als römische Bürger nicht konnten vor
den Gerichtshof gezogen werden. Zwar hatten sie eigene
Gerichtsbarkeit auch schon ohne römisches Bürgerrecht,
allein aus einem Senatsbeschluss vom Jahre 49 a. Chr.[2]
geht hervor, dass nur Juden mit römischem Bürgerrecht
diese Vergünstigung haben sollten. Sie genossen ganz freie
Ausübung ihrer Religion, ungestörte Feier ihres Sabbats
und der Festtage, ungehinderte Zusammenkünfte und gemeinsame Mahlzeiten; ihre Verbindung mit dem Tempel in
Jerusalem war erlaubt, ebenso die Abführung der Tempel-
steuer dahin von Octavian ausdrücklich gestattet. Alle
diese Vergünstigungen blieben ihnen bis in die Zeiten Hadrian's wesentlich unangetastet; und wenn auch unter Tiberius und Caligula die Juden besonders in Rom ungün-
stiger behandelt wurden, so traf diess die in Ephesos wenig
oder gar nicht. Claudius machte übrigens alles wieder
gut, und Nero, von seiner Gemahlin Poppäa beeinflusst,
bestätigte alle ihre Rechte, zumal da es keinem Zweifel
unterliegt, dass in den Finanzbureaus von Narcissus, dem
Hauptminister Nero's, jüdisches Geld und jüdische Beamte
einflussreich waren.

Ihre Gemeinde zeigt sich demnach als eine für sich ab-
geschlossene, von den Fürsten jeweilen begünstigte. An
ihrer Spitze stand eine Behörde, die ἄρχοντες, wohl iden-

---

[1] Jos. Ant. XVI, 6. 7.   [2] Jos. Ant. XIV, 10. 19: Πολίτας Ῥωμαίων
Ἰουδαίους, οἵτινες ἱερὰ Ἰουδαϊκὰ ποιεῖν εἰώϑησιν ἐν Ἐφέσῳ, πρὸ τοῦ βή-
ματος δεισιδαιμονίας ἕνεκα ἀπέλυσα.

tisch mit dem Synedrium in Jerusalem, welchen die Leitung sowie die Gerichtsbarkeit oblag.

b. Innerhalb dieser zahlreichen, wohlorganisirten Gemeide herrschte nun ein reges Leben in jeder Beziehung. Wie überall so waren sie auch in Ephesos durch ihre Rührigkeit und Gewandtheit unangenehme Concurrenten im Handel. Sie verstanden es, den grossen Welthandel der Stadt auch für ihr Interesse auszubeuten. Besonders war es der Kleinhandel, welcher beinahe unbestritten ihre Domäne wurde; doch gab es gewiss auch grössere Handlungshäuser in ihrem Besitz. Diese Concurrenz verstärkte aber nur noch den Hass und die Abneigung der Griechen, welche nie nachliess. Denn in der griechischen wie in der hellenistisch-morgenländischen und der gräcisirt-römischen Welt war nichts so verhasst als Absonderung, Nicht-Theilnahme an Freuden und Leiden; die Römer und Griechen wussten wohl, dass der Grund davon ein Nationaldünkel bei den Juden, die Folge Gleichgültigkeit in allem und jedem, ja Entfremdung sei. Der weltberühmte Ausspruch von Tacitus über die Juden: „odium humani generis" ist doppelseitig: einmal die Juden sind allen Menschen verhasst, und dann die Juden tragen einen Hass gegen alle andern Völker im Busen. Wo es etwas zu gewinnen gab, in materieller Beziehung, waren sie da, aber sie verkehrten mit dem genus humanum nicht, weder in Freud noch in Leid. Das erbitterte. Dazu kam hauptsächlich auch die eifrige Bethätigung und starke Propaganda derselben auf religiösem Gebiete. Ihr ganzes geistiges Leben stand ja in vollster Blüte und nahm bis zu einem gewissen Grade Theil an allen Bewegungen der Zeit. Der Sammel- und Mittelpunkt desselben bildete die Synagoge. [1] An der Spitze derselben stand der ἀρχισυνάγωγος, mit einem Presbytercollegium zu seiner Seite; ausserdem dürfen wir wie überall eine Reihe von Unterbeamten, als da sind der Vorbeter,

---

[1] Act. Apost. XVIII, 19, 26; XIX, 8.

die Almosensammler, die Synagogendiener u. s. w., annehmen. Der Gottesdienst selbst fand in griechischer Sprache statt; nur der Priestersegen und gewisse Bibelabschnitte mussten in der heiligen Sprache vorgetragen werden. Wie in Jerusalem wurde an jedem Sabbattage das Gesetz und die Propheten (Parasche und Haphtare) gelesen und erklärt; ebenso die Neumonde und Jahresfeste wie im Heimatlande gefeiert. Alljährlich fand eine grosse Collecte für den Tempel statt, welche von angesehenen Juden persönlich in das Nationalheiligthum überbracht wurde. Das Studium des Gesetzes war auch hier als die höchste Forderung angesehen, die Kenntniss desselben als das köstlichste Gut angestrebt. Schon die Kinder erhielten deshalb in der Schule ihren Unterricht im Gesetz, und auf dieser Grundlage dauerte dann die Unterweisung durchs ganze Leben fort, gemäss dem Grundprincipe der Juden, dass wer sich Gesetzkenntniss erwerbe, sich damit das Leben in der zukünftigen Welt erlange[1], dass dagegen der, welcher das Gesetz nicht kenne, verflucht sei.[2] Bei der centralen Bedeutung des Tempels in Jerusalem liegt es auf der Hand, dass die Verbindung der ephesinischen Synagoge mit demselben eine sehr enge und eifrige war. Unterhielt schon die alljährliche, durch eine angesehene Deputation feierlich überbrachte Tempelabgabe einen ununterbrochenen Verkehr, so geschah diess noch ganz besonders durch die regelmässigen Festreisen, welche auch die ephesinischen Juden nach dem Gelobten Lande unternahmen. Philo. spricht von vielen Tausenden, welche zu jedem Feste aus allen Gegenden nach Jerusalem hinströmten; gewiss stand die grosse jüdische Bevölkerung in Ephesos aus Eifer für das Haus Jahve's und aus Reiselust darin nicht nach.[3] Wir können diess schon daraus schliessen, dass die johanneische Reformbewegung vom Jahre 34 auch in Ephesos Boden gewann. Die Apostelgeschichte berichtet, dass beim Auftreten des

---

[1] Aboth II, 7. [2] Ev. Joh. VII, 19. [3] Act. Apost. II, 9—11.

Paulus ὡσεὶ δώδεκα Männer unter den Juden waren, welche
die Johannestaufe empfangen hatten. [1] Neben dieser, der
Zahl nach geringen Partei war aber auch die starre Pha-
risäerrichtung vertreten, welche durch ihr Uebergewicht
Pauli Auftreten in der Synagoge bald unmöglich machte.
Diese Parteiungen konnten sich aber selbstverständlich nur
durch eifrigen Verkehr mit dem Heimatlande kräftig erhalten.

Auf den Gottesdienst beschränkte sich jedoch ihr geistiges Leben nicht; es begegnet uns bei ihnen eifrige
Pflege der Wissenschaft, besonders der Philosophie. Schon
dadurch, dass sie sich der griechischen Sprache selbst im
Gottesdienste bedienen mussten, wegen dürftiger Kenntniss
des Hebräischen, nahmen sie unwillkürlich und wohl auch
unbewusst, Theil an griechischen Anschauungen und helle-
nistischer Bildung. Sie traten ein in das literarische
Leben der Stadt und der Gebildeten und producirten selbst
Schriften. Ihr Zweck war dabei vornehmlich, Propaganda
für ihren Glauben zu machen. [2] Dass ihre Vertreter darin
tüchtige Männer müssen gewesen sein, welche, der damaligen Bildung vollkommen mächtig, grossen Einfluss
ausübten, beweist der Umstand, dass einer aus ihrer
Mitte, Balbillus, sogar bis zu einem Rathgeber des Kaisers
Nero emporstieg. [3] Mit Recht zieht Hausrath [4] als Beweis
für die eifrige Ausübung der Mission von seiten der Juden
eine Stelle aus den sibyllinischen Orakeln herbei, wo der
Untergang des Artemistempels in unmittelbaren Zusammenhang mit dem Anbruch der messianischen Zeit gebracht
wird, wenn es heisst [5]:

.... zu Staube gewandelt
Wird der Artemis Haus, das in Ephesos herrlich erbaut ist,
Durch Erschütterung und Beben dereinst in die schreckliche Meerfluth
Stürzen hinab, wie ein Schiff, das der Wirbel des Meeres hinabzieht,

---

[1] Act. Apost. XIX, 7. [2] Cic. pro Flacco 28. Hor. Sat. I, 9. 61.
[3] Suet. Nero. Dio Cass. 66. 9. [4] Neutest. Zeitgeschichte, II, 644.
[5] V, 293 fg.

Und das gestürzete Ephesos klagt und weinet am Ufer,
Sucht seinen Tempel noch auf, in dem man fürder nicht wohnet,
Denn der Erschütterer der Himmel vernichtet die Frevelnden sämmtlich
Durch seinen Donner und Blitz und mit den Flammen des Blitzes.

Als ein Hauptzeugniss nicht sowohl für diese Propaganda, als besonders auch für das wissenschaftliche Leben tritt uns aber in dieser Periode die pseudepigraphische Literatur entgegen, welche unter dem Titel „Heraklitische Briefe" bekannt ist. Wir haben schon oben (p. 68—70) die Entstehung derselben, wie sie von Bernays ist nachgewiesen worden, erwähnt. Mit grosser Gewandtheit fingirte ein gelehrter, in den griechischen Philosophen, besonders Heraklit, Aristoteles, den Stoikern bewanderter Jude einige dieser Briefe, um durch rücksichtslose Aufdeckung der orientalischen Greuel, welche den Cultus der grossen Göttin ausmachten, die Bewohner für seinen Glauben zu gewinnen. In wie weit letzteres gelang, wissen wir nicht, doch dürfen wir aus dem Erfolge, welchen diese und ähnliche Anstrengungen in andern Städten hatten, auch auf eine grosse Zahl von Proselyten in Ephesos schliessen. Nach Josephus [1] gab es damals keine Stadt, wohin nicht die Feier des Sabbats gedrungen wäre und das Fasten sowie andere jüdische Gebräuche beobachtet würden; ihm stimmen Seneca [2] und Dio Cassius [3] im wesentlichen bei.

Aber auch dem mächtigen Einfluss der orientalischen Magier und ihren Geheimlehren konnten sich die Juden nicht entziehen, so wenig wie dem neupythagoreischen Mysterienwesen, welches sich breit machte und in Apollonius von Tyana seinen bedeutendsten Vertreter hatte. Wir finden darum viele Juden daselbst, welche, eingeweiht in diese Geheimculte, mit ihrem Zauberwesen als Goëten und Gaukler auftraten und reichlichen Gewinn von der abergläubischen Menge zogen. Solche Goëten gaben vor, durch

---

[1] Apion. II, 39. [2] Bei Augustin De Civit. Dei VI, 11. [3] 37, 17.

Zauberformeln, Beräucherungen, durch die Kraft heilsamer
Kräuter, durch Künste, welche man auf Salomo zurück-
führte, böse Geister und Dämonen bannen zu können.
Ihr Handwerk war so ausgedehnt, dass es eine eigene
Literatur von magischen Formeln gab [1], ein Gemisch von
heidnischen Zeichen, jüdischen Gottesnamen und pythago-
reischen Formeln. Bei dieser Richtung begreift es sich
denn auch leicht, dass solche Goëten den Namen Christi,
vermittelst welches Paulus vor ihren Augen so grosse
Wirkungen hervorbrachte, als magische Formel zur Ban-
nung böser Geister u. dgl. zu gebrauchen begannen.

§ 2. Das Christenthum.

Da es nicht im Kreise unserer Aufgabe liegen kann,
eine ins Detail gehende Darstellung der Entwicklung, welche
das Christenthum in Ephesos genommen hat, zu geben,
sowie auf alle die textkritischen, chronologischen und sonstigen Fragen und Schwierigkeiten, die dabei in Betracht
kommen, einzugehen, so beschränken wir uns im Folgenden, die Hauptpunkte der Geschichte des Christenthums
zu Ephesos in jener Zeit kurz anzugeben. Es sind dabei
drei Perioden zu unterscheiden, einmal die vorpaulinische,
dann die paulinische und endlich die nachpaulinische.

a. Bei dem regen Verkehr und der innigen Wechsel-
beziehung, welche, wie wir im vorigen Paragraphen gesehen, zwischen der ephesinischen Synagoge und dem jeru-
salemischen Tempel bestand, konnte es nicht ausbleiben,
dass eine so gewaltige Bewegung wie das Auftreten Christi
auch bei den Juden in Ephesos bekannt wurde. Die Botschaft des erschienenen Messias war, wenn auch unklar,
dahin gedrungen. Wenn Röm. 16, 3—16 nach Baur, Zeller,
Hausrath u. a. als ein nach Ephesos gerichtetes Schreiben
genommen wird, so haben wir darin auch die Namen zweier

---

[1] Act. Apost. XIX, 19.

Christen, welche vor Paulus schon die Botschaft verkündet, nämlich Junias und Andronicus. Diese Thatsache ist eben so merkwürdig wie die, dass es Anhänger der Johannistaufe daselbst gab, und heischt tiefern Rückschluss, nämlich wie geschichtlich wichtig das 'Auftreten des Täufers nicht nur, sondern wie bezeugt es ist, und zweitens wie der Tod Jesu Christi gleich nach weiten Punkten wirkte; es kann also die sofortige Bedeutung dieses letzten grossen Ereignisses zu Jerusalem nicht bloss geistiges Gebilde, religiöser Enthusiasmus seiner nächsten Freunde sein, nein: der Tod Christi hatte, wie jeder geschichtliche Vorgang, durch das ungeheure Gewicht, welches er in sich trug, sofort die grössten Wirkungen, er schlägt seine Wellen weit über Jerusalem und Galiläa hinaus. Diese weltgeschichtliche Auffassung von der Leidensthat Christi ist die geschichtliche.

Die erste klare Kunde jedoch brachte der Apostel Paulus, als er auf seiner Reise von Corinth nach Ephesos kam und in der Synagoge die neue Lehre verkündigte.[1] Schon bei diesem kurzen Besuche muss ihm die grosse Bedeutung der Stadt sowie auch die gute Aussicht auf Erfolg lebhaft vor Augen getreten sein. Da er aber nach Jerusalem musste, blieben als Verkündiger sein Freund Aquila und dessen Weib Priscilla zurück, eifrig bedacht, dem Christenthum Anhänger zu gewinnen. Zu gleicher Zeit trat in der dortigen Synagoge ein gelehrter, schriftgewandter, beredter Jude aus Alexandrien, Apollos, auf, welcher, nach Act. XVIII, 25, κατηχημένος ἦν τὴν ὁδὸν τοῦ κυρίου καὶ ζέων τῷ πνεύματι ἐλάλει καὶ ἐδίδασκεν ἀκριβῶς τὰ περὶ τοῦ Ἰησοῦ, ἐπιστάμενος μόνον τὸ βάπτισμα Ἰωάννου. Er hatte in seiner Vaterstadt von der religiösen Bewegung Palästinas gehört, die Johannistaufe empfangen und harrte voll Sehnsucht des Messias. Ihn gewannen nun Aquila und Priscilla, welche ἀκριβέστερον αὐτῷ ἐξέθεντο τὴν ὁδὸν τοῦ θεοῦ. Bald darauf aber be-

---

[1] Act. Apost. XVIII, 19.

gab er sich nach Corinth. [1] Diess sind die einzigen Punkte, welche aus der vorpaulinischen Periode namhaft zu machen sind.

b. Festen Fuss fasste das Christenthum erst durch die mehr als zweijährige Wirksamkeit von Paulus. Als erstes Arbeitsgebiet suchte er auch hier die jüdische Synagoge auf, wo er Johannisjünger vorfand und sie zum Christenthum bekehrte. Doch nur drei Monate konnte er in der Synagoge seine Verkündigung vom erschienenen Messias fortsetzen; denn die strengen pharisäischen Juden, gewiss von Jerusalem aus beeinflusst, wussten ihn durch Intriguen zu vertreiben. Er schied von ihnen und begann seine Thätigkeit in dem Hörsaale des Rhetors Tyrannos. [2] Es war diess ein ungemein wichtiger Schritt für die Ausbreitung des Christenthums. Bisher musste ja ohne Zweifel seine Arbeit den Griechen unbekannt geblieben sein; denn was kümmerten sich diese darum, wer in dem verhassten Ghetto die Gemüther bewegte! Bloss bei seiner täglichen Arbeit in einer der grossen Zelttuchmanufacturen mag er mit den Arbeitsgenossen, meist Sclaven, angebunden und ihnen seine neue Lehre mitgetheilt haben; wie es scheint, nicht ohne Erfolg, denn es begegnen uns in der ephesinischen Gemeinde eine Reihe von Sclavennamen, wie Tryphäna, Tryphosa, Phlegon, Hermes, Asyneritus. Mit seinem Auftreten in der Rhetorenschule aber gab er seiner Thätigkeit einen öffentlichen Charakter; denn in den vielen und verschiedenen Sälen kamen alle bedeutenden Philosophen und Rhetoren der Stadt zusammen und hielten ihre Lehrvorträge oder lasen ihre neuen Werke einem zahlreichen Publicum vor. In ihre Mitte trat nun Paulus mit seinen kühnen Angriffen gegen den unsittlichen Dienst der Göttin, gegen das mystische Zauberwesen mit seiner göttlichen Lehre von dem Einen Gott, von der Versöhnung durch Christum, von der Bruderliebe. Es konnte nicht

---

[1] Act. Apost. XVIII, 24 fg.   [2] Vgl. oben p. 66—67.

ausbleiben, dass er durch seine ergreifenden Reden die
Aufmerksamkeit von denjenigen, welche des Tyrannos
Hörsaal frequentirten, auf sich zog, dass ihm die Ephesier, welche, wie wir gesehen, für alles Neue empfänglich
waren, Gehör schenkten. Ihm gegenüber standen zunächst
die Vertreter der verschiedenen philosophischen Schulen,
besonders der immer mehr an Boden gewinnenden Neupythagoreischen. Dann aber musste er nothwendig mit der
ganzen, bisher allmächtigen Priesterschaft der Artemis in
Conflict gerathen, welche ihr Ansehen erschüttert sah.
Und endlich brachte er alle diejenigen gegen sich auf,
welche vom Tempel durch ihr Gewerbe abhängig waren.

Aber trotz dieser starken Gegner wirkten die Worte
des Handwerkers, welche jeden Abend vor zahlreicher Zu-
hörerschaft gesprochen wurden, gewaltig. Sein erster
Triumph war der, dass die Macht des Herrn, welchen er
verkündigte, sich an jüdischen Goëten offenbarte. Die
Apostelgeschichte erzählt uns den Aufenthalt des Paulus in
einigen Episoden, welche seine Erfolge scharf zeichnen.
So haben wir auch diesen Bericht [1] aufzufassen: es soll
damit angedeutet werden, wie erfolgreich Paulus in seinem
Kampfe gegen dieses ganze Zauberwesen war. Gewiss
kamen solche Vorfälle öfters vor: Paulus glaubte in dieser
Stadt der Magie zeigen zu müssen, wie der Name des
Gottes, welchen er als Alleinseienden pries, mächtiger sei
als alle jene Namen und Formeln der handwerksmässigen
Goëten. Und sein Beweis gelang ihm vollständig, sodass,
wie berichtet wird, alle diejenigen, welche seinem Gott
zufielen, ihre Zauberbücher feierlich verbrannten und sich
damit lossagten von ihrem heidnischen Treiben.

Vereinigte sich auf solche Weise mit der neuen Lehre
auch ihre offenbare Wirkung, so musste diese Thatsache
auch denen, welche dem Auftreten des Paulus anfangs kalt
und vielleicht auch mit Spott zugesehen. imponiren; die

---

[1] Act. Apost. XIX, 13—17.

Kühnheit, mit welcher er, der arme Handwerker, den Kampf
gegen die Königin-Göttin und ihren ganzen Staat führte,
musste bei allen denen, welchen der orientalische Cultus
ein Greuel war, Sympathie finden. Wir können darum
nicht mit Hausrath [1] übereinstimmen, wenn er die Notiz in
den Act. XIX, 31 [2] als tendenziös bezeichnet und glaubt,
die Rolle der Asiarchen sei zu günstig gezeichnet. Es liegt
doch auf der Hand, dass diese, als Oberpriester des Kaisercultus, welcher für den Artemiscultus immerhin eine unangenehme Concurrenz war, bei den Tempelpriestern nicht
gerade am besten angeschrieben waren. Im Kaisercult con-
centrirte sich ja die neue Verehrung, welche bei den Ephesiern, wie wir oben gesehen, viel Anklang fand. Paulus
stellte sich auch jedenfalls derselben nicht so schroff gegenüber wie dem Artemiscult; er durfte dies schon als römischer Bürger nicht. Auch muss man wohl festhalten, dass
die Christen den Dienst der Artemis, des Hermes u. s. w.
sehr von dem officiellen Adoriren des Augustus und der
Roma unterschieden; denn da war kein Vernunft und Sittlichkeit empörender Dienst, kein ἄγαλμα, kein εἴδωλον, welches der Gott, die Göttin ist. Vielmehr verhält es sich so
mit dem Dienst, dass der ewigen Roma und dem sie jeweilig
darstellenden Augustus einige Zeichen der Adoration geweiht wurden, wie den Adlern und Feldzeichen der römischen Legionen von alters her. Wenigstens anderthalb
Jahrhundert wusste man in der christlichen Kirche von
turificatores als lapsi nichts. Darum ist es sehr begreiflich, dass aus Gegensatz gegen die alles beherrschende
Hierarchie die Asiarchen dem Paulus freundlich gesinnt
waren und bei dem grossen Aufruhr, wenn auch nicht offen,
so doch geheim, diese ihre Gesinnung merken liessen. Denn
das ist klar: jener Aufstand des Demetrius war ein wohl
vorbereiteter Hauptschlag und ging aus von den Artemispriestern. Sie zuerst erkannten mit Schrecken die Wirkung

---

[1] a. a. O., II, 649.   [2] Τινὲς δὲ καὶ τῶν Ἀσιαρχῶν, ὄντες αὐτῷ φίλοι

der paulinischen Predigt, sie fanatisirten alle die zehntausend Arbeiter, Pächter und Geschäftsleute, welche vom
Tempel lebten, mit Hinweis auf die Gefahr für Auskommen
und Erwerb. Und viel bedurfte es ja gewiss nicht, um die
Selbstsucht dieser Leute anzuregen, damit sie unter der
heuchlerischen Maske religiöser Frömmigkeit und Begeiste-
rung für die μεγάλη θεός den Pöbel der Stadt in gefährliche Bewegung brachten. Demetrius war wohl der Mann,
den die Priester sich als Leiter der Bewegung ausersehen
hatten. Und der Erfolg erwies ihre Wahl als eine gute.
Denn bald war das Theater voll von einer aufgeregten
Menge, welche in blindem Eifer, ohne zu wissen, um was
es sich handelte, ihre Losung μεγάλη ἡ Ἄρτεμις Ἐφεσίων
schrie. Zwar berichtet uns nun die Apostelgeschichte, wie
der kluge Stadtschreiber die Menge besänftigte, indem er
sie auf die juridische Entscheidung verwies und rieth, wenn
der Fall gerichtlich, vor den Proconsul, wenn sie aber über
andere Dinge ein Begehren hätten oder, modern gesprochen,
wenn ihr Anliegen administrativer Natur sei, vor die Ge-
meindeversammlung zu gehen; allein einen klaren Bericht
über den ganzen Vorfall, der jedenfalls gross und für Paulus gefährlich war, haben wir doch nicht. Wie aus der
Erwähnung des Christen Alexander, des Kunstarbeiters in
Bronce (Vs. 33), hervorgeht, scheinen sich noch andere,
dem Paulus feindliche Elemente mit bei dem Aufstand betheiligt zu haben. Aus 2 Tim. 4, 14 wissen wir, dass dieser
Christ Alexander ein Feind des Paulus und Handwerks-
genosse des Demetrius war; er kann also, wollte man nicht
annehmen, dass seine Feindschaft eine persönliche war, was
aber nirgends angedeutet ist, nur ein Judenchrist gewesen
sein, welcher die freie Lehre des Paulus bekämpfte und
dazu jene allgemeine Erbitterung benutzte. Dass aber eine
juden-christliche l'artei vorhanden war, deren erste Anfänge
noch vor seinem Auftreten zu suchen sind, beweist die spätere Geschichte der ephesinischen Christengemeinde. Paulus hatte es auch mit den Judaisten zu thun, welche, wie

überall, sein Werk untergruben. Wie freilich Alexander
dazu kam, sich auf des Demetrius Seite zu stellen, überhaupt trotz seines Christenthums ein heidnisches Gewerbe
zu betreiben, bleibt dunkel; vielleicht lässt es sich aus der
Thatsache erklären, dass viele christliche Künstler bis Dio-
cletian nichts Unfrommes zu thun glaubten, wenn sie Bilder, z. B. des Apollon, fertigten, weil die Gebildeteren
Christum sehr oft als Apollon verehrten; die zahlreichen
Sodalitäten der cultores Apollinis verschmolzen oft mit
denen der cultores Christi, wie die gemeinsamen Bestat-
tungsplätze ποιμητήρια beweisen. Dass nun das Theater
zum Schauplatz einer ernsten Begebenheit im Leben des
Paulus wurde, ist durch Stellen wie 1 Cor. 4, 9 und
1 Cor. 15, 32 deutlich bezeugt. Ob er wirklich mit Thie-
ren gekämpft? Ob diese Gefahr mit dem Demetrius-Auf-
stand in Verbindung gestanden? Erstere Frage ist gewiss
entschieden zu verneinen, da der Ausdruck bildlich gebraucht ist. Die letztere dagegen zu beantworten, wird
beim Mangel an nähern Nachrichten wohl immer schwer
halten.

Die Christengemeinde selbst aber, dass ist Thatsache,
wuchs mächtig heran und ward bald Mittelpunkt einer
grossen Mission. Wir haben früher gesehen, welch unge-
heuern Fremdenverkehr in jener Zeit die Stadt hatte. Von
allen Gegenden strömten Geschäftsleute und Vergnügungs-
reisende herbei; sie vernahmen da die Kunde von der neuen
Lehre und überbrachten sie wieder in ihre Heimat. Paulus
selbst liess sein übriges Arbeitsfeld nicht aus den Augen;
in Corinth machte er während der zwei Jahre einen Besuch,
an seine galatischen Christen richtete er den noch erhal-
tenen Brief in Betreff der judaistischen Umtriebe, und in
diese Zeit fällt auch die Gründung der kolossischen Gemeinde.

c. Als er die Stadt verliess, war die Gemeinde begründet und wohl organisirt. An ihrer Spitze stand als Bischof

sein treuer Genosse Timotheus, diesem zur Seite eine Zahl Presbyter. Ausserdem besass sie noch, nach Timoth. 3, 8 und 12, welche (allerdings spätere) Stelle einen Rückschluss erlaubt, Diakonen, welchen die Pflege der Armen, Kranken und Hülfsbedürftigen oblag (und Diakonissinnen). Trotzdem aber in der Gemeinde treue Anhänger des Paulus waren [1], gewann doch in dieser nachpaulinischen Periode die judaisirende Richtung stark an Boden. Er wusste dies wohl und warnte daher die zu sich nach Milet beschiedenen Aeltesten vor den Wölfen, welche sein Werk untergruben. Von Rom aus bezeugt er noch seine Liebe und Fürsorge durch den Ephesierbrief. Die zum Theil pseudopaulinischen Timotheusbriefe sprechen schon scharf gegen die um sich greifende juden-christliche Theosophie, welche sich an den Neupythagoreismus anlehnte und diesen zu ihrer Voraussetzung hat. Bald nach des Apostels Tode war, wie überall in Kleinasien, der Sieg der judaistischen Partei ein vollständiger. Die Apokalypse, ohne Zweifel nicht vom Apostel Johannes, sondern von einem Vertreter genannter Richtung verfasst, giebt in ihrem Sendschreiben an die ephesinische Gemeinde [2] einen vollgültigen Beweis dafür. So durchlebte das weltgeschichtliche Ephesos bis zum Ende unserer Periode jene beiden Strömungen des Christenthums, die paulinische, d. h. freie, und die judaistische, d. h. gesetzliche, welche überhaupt die christliche Kirche damals bewegten.

Wir sind hiemit am Schlusse unserer Aufgabe angelangt. Obgleich die versuchte Schilderung der Weltstadt Ephesos in jenem denkwürdigen Jahrhundert vielleicht unsere Kräfte überstieg, so hoffen wir doch zur Kenntniss des Bodens, auf dem der grösste Apostel so lange gewirkt, einiges beigetragen zu haben, hoffen, dass besonders der Kampf des Christenthums gegen das Heidenthum in jener weltgeschichtlichen Stadt durch unsere Untersuchung in helleres Licht

---

[1] Röm. 16, 3—16. [2] Apokalypse 2, 1—7.

getreten ist. Werfen wir darauf noch einen Blick! Wir
haben gesehen, die grösste, alles beherrschende Macht war
der Artemiscultus; in ihm vereinigte sich jede verworfenste
Sitte in religiöser Umhüllung, und dieser Abgrund von
Schichten unaussprechlicher Greuel mündete einzig und
allein in Gelderwerb für die asiatische Hierarchie aus. Der
Kampf dagegen konnte nicht ausbleiben; aber nur die
Macht vermochte darin zu siegen, welche allein die Wahrheit in sich trug, das Christenthum. Die Athener richteten
gegen die Asiatin nichts aus, sondern gingen unter Miss-
achtung der heimatlichen Göttin zu jener über.[1] Die mächtig aufblühende jonische Philosophie ist ebenso ohnmächtig;
denn was frommen die wahren und scharfsinnigen Untersuchungen des Herakleitos an der Hauptbevölkerung seiner
Vaterstadt, an den Kaufleuten? Das perikleische Zeitalter
hob die heilige Institution auch nicht auf; denn der athe-
nische Staatsmann, welcher zuletzt zu einer kleinlichen,
demagogischen Stammhasspolitik gegen die Dorier herab-
sank, liess die kimonische Politik: „Alle Hellenen gegen
Asien" fahren und schnitt der damals mächtigen nationalen
Partei jegliche Aussicht auf Unterstützung ab.[2] Es folgt
Alexander; er schränkt zwar die Hierarchie ein, aber je
weiter er vordringt, desto mehr huldigt er dem Asiatismus
und vergisst darob seine nationale Aufgabe.[3] Von seinen
Nachfolgern hatte keiner die Kraft besessen, das Artemision
aufzuheben, obgleich die Seleuciden z. B. gern kleinere
syrische Tempel plünderten.[4] Die Römer endlich, deren Politik zwar eine den Priestern nicht gewogene, einschränkende
war, vermochten auch nichts; denn nur radicale Aufhebung
dieses verdorbenen, versunkenen Instituts konnte noch helfen.[5]

Keine weltliche Macht also erfüllte ihre Aufgabe gegen
die allmächtige Asiatin. Aber vielleicht bringt eine der
vorhandenen Religionen Rettung? Der jüdische Mono-

---

[1] p. 8 und 93; Paus. VII, 2, 8. [2] p. 10—14. [3] p. 14—15. [4] p. 15—18.
[5] 19—20 und 36—49.

10*

theismus bewies seine Ohnmacht vollständig vor der grossen Artemis.[1]

Nur das Christenthum überwand die finstere Macht, die durch Jahrhunderte hindurch gethront hatte, an der alle Angriffe ohne Wirkung geblieben, nur die wahre Religion vermochte das zu vollenden, was alle andern Mächte nicht gekonnt, sie allein siegte. Dieser Sieg aber bleibt in den Annalen der Geschichte durch die Jahrtausende verzeichnet, er ist unbestritten und enthoben allen Gegensätzen der Dogmatik; denn er ist geschichtlich.

---

[1] p. 138—139.

Beilage I.

Kurze Geschichte und Beschreibung des Tempels.

Nach Plinius [1] wurde der Tempel der Artemis Ephesia seit seiner frühesten Weihe, welche vor die Zeit der Hellenen fällt, siebenmal neugebaut. Ueber die fünf ersten Bauten, welche in die vorhistorische Zeit gehören, haben wir gar keine nähern Nachrichten, wie es überhaupt ungewiss ist, ob die Zahl als eine thatsächliche gelten darf oder nicht. Gewiss ist, dass diese Bauten im Vergleich zu den zwei historischen und weltberühmt gewordenen Tempeln ganz unbedeutend waren. Der erste Prachttempel, wegen seines Glanzes und seiner Schönheit unter die sieben alten Weltwunder gezählt, wurde erbaut unter der anfänglichen Leitung des Ktesiphon oder richtiger Chersiphron, um die Mitte des sechsten Jahrhunderts a. Chr.; seine Vollendung nahm nach Plinius [2] 120 Jahre in Anspruch und wird bei Vitruv [3] dem Tempeldiener Demetrios und dem Ephesier Paionios zugeschrieben. Die Kosten dieses Baues, welcher epochemachend in der antiken Baugeschichte wurde [4], trugen die Städte Asiens sowie einzelne Fürsten; besonders setzte Krösus, als er Ephesos durch die Vermittlung der Priester in seine Abhängigkeit gebracht hatte, seinen Stolz

---

[1] XIV, 79. [2] XXXVI, 98. [3] VII, 16. [4] Vitruv. IV, 1.

darein, durch Stiftung der noch fehlenden monolithen
Säulen, sowie kostbarer Weihgeschenke die Vollendung zu
beschleunigen.   Der Bau selbst, welcher vom Orient her
grossartigen Massstab, unerhörte Pracht, von Griechenland
her künstlerische Ausführung, technische Vollendung erhielt, stand unter dem leitenden Einfluss der Samischen
Schule. Um in dem sumpfigen Alluvionlande [1] ein festes,
dauerhaftes Fundament zu gewinnen, wurde dasselbe auf
den Rath des Theodorus von Samos [2] mit gestampften
Kohlen, welche mit Wollfellen überlegt waren, hergestellt. [3]
Das Gebäude, zu welchem man auf zehn Stufen emporstieg, hatte die Form eines Rechtecks; die Länge betrug
425 Fuss, die Breite 220 Fuss, also ungefähr zwei Drittel der
St. Peterskirche zu Rom; und war umgeben von einem weiten,
nach dem Plan des Kreters Chersiphron ausgeführten
Säulengang von lauter Monolithen (127 an der Zahl, jede
60 Fuss hoch, 7$\frac{1}{2}$ Fuss im Durchmesser) aus dem Marmor-
bruch des Pion.   Die Steinbalken, ungeheure Steinmassen
von ungefähr 400 Centnern, wurden unter Leitung des
Metagenes aufgelegt und zwar mit Hülfe von Sandsäcken,
die sich allmählich entleerten, um jeden gefährlichen Zu-
sammenstoss der Balken mit den Säulen zu vermeiden.
Als aber trotzdem, so wird erzählt, die Architravbalken
nicht recht zusammenpassen wollten, nahte des Nachts die
Göttin selbst und brachte alles in Ordnung.
   Aber nicht lange sollte dieses stolze Kunstwerk stehen.
In der Geburtsnacht Alexander's zündete Herostratos in
wahnsinnigem Frevelmuthe das Artemision an, um seinen
Namen auf die Nachwelt zu bringen. [4]   Zwar erliessen die

---

[1] 'Εν λειμῶνι Καϋστρίῳ; Kall. in Dian. 257.
[2] Fragm. Hesych. Mil. VI, 34: Συνεβούλευσεν ἄνθρακας ὑποτεθῆναι
τοῖς θεμελίοις τοῦ ἐν 'Εφέσῳ ναοῦ. Καθύγρου γὰρ ὄντος ἔφη τοῦ τόπου,
τοὺς ἄνθρακας τὸ ξυλῶδες ἀποβαλόντας, αὐτὸ τὸ στερεὸν ἀπαθὲς ἔχειν ὕδατι.
[3] Plin. XXXVI, 21. Diog. Laert. II, 8. 19.
[4] Curt. Ruf. I, 1. 21. Cic. de Div. I, 23. Strabo XIV, 640. Plut.
Alex. 3.

Ephesier ein Edict, wonach niemand den Namen des Schändlichen nennen sollte, allein Theopompus that diess doch. [1]

Unverzüglich wurde nun an den Neubau eines noch prächtigeren Tempels geschritten, wozu die ephesinischen Frauen all ihren Schmuck hergaben. [2] Alexander erbot sich, während der Zeit, welche nöthig war, um die Bauvorbereitungen zu treffen, alle Kosten zu tragen, wenn man den Tempel als sein Weihgeschenk an die Göttin ansehen wolle, allein es wurde abgeschlagen, und als er sein Anerbieten noch einmal machen liess, ihm geantwortet: ein Gott (nämlich Alexander) könne andern Göttern keine Geschenke geben. [3] — Die Leitung des Baues, welcher „kein in der Formensprache ängstlich behüteter Restaurationsbau, sondern unter Festhaltung der Fundamente und des Massstabes, im grossen und ganzen ein völliger Neubau gewesen ist" [4], lag in der Hand des kühnsten Baumeisters seiner Zeit, des Deinokrates. Sein Genie verstand es, mit Verwerthung der neuesten Errungenschaften der Architektur und Sculptur einen Prachtbau herzustellen, wie er eigentlich nie ist übertroffen worden. Die monolithen Säulen wurden wieder von freigebigen Wohlthätern geschenkt, deren Namen in den Hohlkehlen eingeschrieben standen. (Diese Dedicationsinschriften sind an den Bruchstücken im britischen Museum noch deutlich zu erkennen. Aus eben diesen Resten geht auch hervor, dass das Material ein feinkörniger, weisser, aber bläulich schimmernder Marmor war.) Eine Reihe von Säulen, 36 an der Zahl, die von Plinius genannten columnae caelatae, waren dicht über der Basis mit etwas über lebensgrossen Figuren in Basrelief geschmückt, über denen dann erst die 24 Cannelüren begannen. C. F. Newton sagt darüber in seinem Ausgrabungsbericht [5]: „A richness of effect unexampled in greek Archi-

---

[1] Val. Max. VIII, 14.   [2] Strabo XIV, 640.   [3] Curt. Ruf. II, 6. 3.
[4] Adler bei Curtius, Beiträge, p. 36.   [5] Academy, 1872, III, 85.

tecture must have been attained which Phidias might have pronounced barbaric, but which was in harmony with the Oriental tendency, and exaggerated proportions and gorgeousness of ornament, which characterized the Greek art of the Macedonian period." Diese Prachtstücke der Sculptur, von denen eines auf Scopas zurückgeführt wurde [1], waren so angeordnet, dass an der Ost- und an der Westseite Doppelreihen von je acht Säulen standen und dann noch je zwei am vorderen und hinteren Eingange. [2] Praxiteles umgab den grossen, vor dem Tempel stehenden Altar mit figurenreichen Bildwerken. [3] Ueberhaupt waren alle Theile des Werkes reich verziert, besonders das Kranzgesimse, das Giebelfeld, die Acrosteria. Wie der Tempel im Innern eingerichtet war, lässt sich leider nicht bestimmen, auch nicht nach den neuesten Aufgrabungen, da einmal der Cellabau gründlich zerstört ist, zum andern die Ueberreste im Vergleich zur ungeheuren Baumasse verschwindend klein sind. Alles, was sich darüber sagen lässt, ist, dass das Heiligthum aus dem Pronaos, dann der Cella, wo das Gnadenbild der Göttin stand, und dem Opisthodomus (Hecatesium) bestand; ausserdem hatte es noch ein oberes Stockwerk, zu welchem die Treppen zwischen der Cella und dem Opisthodomus emporführten. Ueber den künstlerischen Schmuck und die reichen Schätze des Tempels ist bereits oben p. 74—77 gesprochen worden.

Dieser Tempel nun bestand unversehrt als vollendetes Denkmal antiker Baukunst bis in die Mitte des dritten Jahrhunderts p. Chr., wo er unter der Regierung des Kaisers Gallienus im Jahre 262 von den heranstürmenden Gothen geplündert und zerstört wurde. [4] Jahrhunderte hindurch diente die colossale Trümmerstätte als Steinbruch

---

[1] Plin. XXXVI, 21: Una a Scopa. [2] Curtius, Ephesos, 1874, p. 38.
[3] Strabo XIV, 641.
[4] Treb. Poll. Gall. duo, cap. VI: Scythae, hoc est pars Gothorum Asiam vastabant, tunc etiam templum Dianae Ephesiae dispoliatum et

für die marmornen Prachtbauten in Constantinopel [1], und
noch im Anfange des sechzehnten Jahrhunderts für die nahe
gelegene, ebenfalls in Ruin versunkene Moschee Selims, wo
heute noch der trefflich geglättete Marmorfussboden der
alten Artemisioncrypta erhalten liegt. Mit seiner Auffindung
durch Wood begann die Wiederentdeckung aller übrigen
Reste. „Heute wohnt nur", wie Curtius, der die Gegend
besuchte, sagt, „eine Anzahl türkischer Familien in den
schmutzigen Hütten des Dorfes Ayasuluk — sonst ist alles
ein grosses Grab, eine menschenleere und weglose Wildniss
von Morast und Gestrüpp, in deren Atmosphäre eine Nacht
zuzubringen, lebensgefährlich ist. Die Todesstille, welche
auf der Gegend ruht, wird nur unterbrochen, wenn auf
der neuen Eisenbahn der Jagdzug von Smyrna kommt und
die Jäger dort, wo einst die Pilgerschiffe an den Marmor-
hallen des Tempels landeten, sich mit ihren Hunden durch
das Gebüsch drängen, um das Sumpfgevögel aufzuscheuchen."
Vgl. auch Stark, „Nach dem griechischen Orient; Reisestudien", 1874, p. 202—230.

---

incensum est, cujus opes fama in populos satis factae; und Hist. Aug.,
edd. Jordan et Eyssenhardt, II, 76. 27: Templum lunae Ephesiae dispoliatum et incensum.

[1] „The Byzantine Christians, who evidently used the temple as a
quarry, smashed up its statues with an iconoclastic thoroughness which
left nothing for subsequent barbarians to destroy", sagt Newton in der
Academy l. c.

Beilage II.

Topographische Bemerkungen zum Stadtplane von „Ephesos und Umgebung."[1]

Ephesos, die Metropole der proconsularischen Provinz Asia, die Hauptstadt Joniens, lag der Insel Samos gegenüber in einiger Entfernung von der kleinasiatischen Küste des Aegäischen Meeres, am Flusse Kaystros (jetzt Kütschük-Menderes). Die Stadt hatte also keine offene Küstenlage, sondern war vom Meere getrennt durch ein hohes, unwegsames Felsengebirge, welches in gerader Linie von Südost nach Nordwest auf den Kaystros zuläuft und den Namen Koressos führt. Die auslaufende Spitze bildet eine besondere Felsenhöhe, welcher die spätere Legende den Namen des St. Paulsgefängnisses (*T*) gegeben hat, und wo heute noch wohlerhaltene Ueberreste des Lysimachischen Festungsbaues vorhanden sind. Zwischen dem Koressos nun und dem Kaystros lag das antike Stadtgebiet. In ihm ist noch, mit dem Koressos zusammenhängend, ein ungefähr 700 Fuss hoher, auf fast kreisrunder Basis ansteigender

---

[1] Selbstverständlich schliessen wir uns den neuesten Forschungen von Curtius in seinen „Beiträgen", p. 1—5, an und geben hier nach denselben eine kurze Skizze. Der beigegebene Stadtplan, nach dem Plane von Curtius entworfen, giebt ein möglichst getreues Bild unserer jetzigen Kenntniss der ephesinischen Topographie.

Berg, dessen zwei Gipfel, wie es scheint, verschiedene Namen hatten. Der südlichere hiess Λεπρὴ ἀκτή [1], der nördliche, oder vielleicht der ganze Berg Πίων. Wie die Namen es schon andeuten, war der Berg oben mit schroffen Felswänden umgeben, während er „unten sich in milden, erdreichen Abhängen ausbreitet, deren Fruchtbarkeit im Namen πίων angedeutet zu sein scheint". An diesem Pion nun war die herrliche hellenische Stadt amphitheatralisch hinangebaut.

Der Stadttheil, welcher zwischen Lepre und dem Koressos im Süden lag, hiess Opistholepria und war geschmückt durch eine Reihe von Prachtgebäuden, deren Ueberreste sich noch vorfinden. Zunächst das opistholeprische Gymnasium (*S*), hart am Magnesischen Thore; es stammt in seiner ersten Anlage aus dem dritten vorchristlichen Jahrhundert, nach Prof. Adler's Nachweis, und giebt sich in seinen jetzigen Ruinen als ein römischer Restaurationsbau aus der Mitte des ersten Jahrhunderts p. Chr. Sodann mehrere römische Tempel (*U V*), Grabmäler (*P Q R*) und öffentliche Gebäude (*N*). Endlich das Odeion aus dem dritten Jahrhundert a. Chr. (*O*).

„Oestlich vom Pion dehnt sich eine vollkommen flache, marschartige Niederung aus, ebenso breit wie der Querschnitt des Pion, im Osten durch einen schroff ansteigenden Felsberg begrenzt (*X*). Diess ist die einzige naturfeste Burghöhe, ringsum abschüssig und schwer zu erklimmen, oben geräumig; die natürliche Warte der Landschaft, wo man vom Durchbruche des Kaystros an die untere Flussebene ganz überschaut; ein Punct von centraler Bedeutung, vollkommen selbständig und ohne Zusammenhang mit Koressos und Pion; der alte Name dieses Schlossberges lässt sich nicht bestimmen." Dem Priesterstaate diente diese Höhe als Burghöhe, wie das St. Paulsgefängniss den eindringenden Athenern. Die Ruinen auf derselben tragen

---

[1] Strabo XIV, 633.

das Gepräge vom Schlusse des ersten christlichen Jahrhunderts, und die Legende bezeichnet sie als das Grab
des heiligen Lukas. Am Fusse dieser Felshöhe liegt
heute das türkische Dorf Ayasuluk (an der Eisenbahn von
Smyrna nach Aidin). [1] In unmittelbarster Nähe davon nun,
etwas südlich von der Ruine der Moschee Selim, fand Mr.
Wood im Frühjahr 1871 die Ueberreste des alten Artemisions, ungefähr 14 Fuss unter der jetzigen Oberfläche,
also im innersten Winkel der Ebene, ausserhalb der Stadt.
Das Tempelgebiet war, wie wir oben gesehen, von einem
περίβολος, einer Umfassungsmauer, umgeben, welche bald
enger, bald weiter gezogen wurde, je nach der Machtstellung der Priesterschaft. Zahlreiche Ueberreste dieses Peri-
bols wurden ebenfalls aufgefunden (*h i k; l m n o p*);
besonders bemerkenswerth ist die Mauerecke mit der oben
(p. 40) mitgetheilten, interessanten Inschrift Octavian's (*A*),
sowie die vier grossen Pfeiler (*B*). Vom Kaystros aus
waren bis ins Tempelgebiet künstliche Kanäle angelegt,
welche in einen Hafen, von Curtius zutreffend „Pilgerhafen"
genannt, ausliefen. Noch heute befinden sich dort zur
Winterszeit die Wasserläufe, und dort mögen wohl auch
die selinusischen Flüsse sich in den Kaystros ergossen haben.
Nahe dem Artemision liegt eine alte Ruine (*C*), höchst

---

[1] Ueber die Ableitung des Wortes Ayasuluk herrscht noch keine
Uebereinstimmung. Die einen halten es für eine Corruption von ἅγιος
ϑεόλογος (Johannes), neugriechisch Aios Scologos; Arundell glaubt, es
sei ein türkischer Name, weil Cherefeddin Ali, der Geschichtschreiber
Tamerlane's, das Wort Ayazlic (= der Halbmond) schreibt. Falkener
meint, das lik in Aiaslik sei a mere substantive termination, und Aias
heisse heilig, also = die Heilige sc. Stadt. Am richtigsten scheint
uns die Deutung zu sein, welche annimmt, dass das Wort mit dem
Namen des heiligen Lukas zusammenhänge. — Ayasuluk selbst ist ein
kleines Dorf mit schmutzigen Hütten, von Türken bewohnt; vielleicht
wird die altberühmte Stätte in Zukunft wieder mehr bewohnt werden,
indem die strebsamen, fleissigen Griechen sich daselbst anzusiedeln
beginnen. — Die Buchstaben *a b c d e f g* auf unserm Plane bedeuten
kleine verfallene Moscheen aus der türkischen Blüthezeit von Ayasuluk.

wahrscheinlich vom Augusteum (vgl. p. 41). Am östlichen
Abhang des Pion befindet sich eine Grotte, welcher die Legende den Namen „Grotte der Siebenschläfer" beigelegt hat.
Zwischen dem nördlichen Abhang des Pion und dem
Kaystros, wie über diesen hinaus, erstreckt sich eine
sumpfige Thalniederung, ein Marschboden, gebildet durch
die Alluvion des Flusses, wo früher ohne Zweifel das Meer
sich befand. Auf dem beigegebenen Plane ist das muth-
massliche frühere Meeresufer sowie das jetzige Ufer angedeutet. Unmittelbar am Fusse des Pion zog sich gegen
Osten hin die Gräberstrasse; weiter gegen Westen zu lag das
·Stadion (G) aus dem dritten Jahrhundert a. Chr., nördlich davon das dazu gehörende Gymnasium (H), und
westlich das alte Felsenheiligthum (I), nach Curtius die
Stätte, wo der feierliche Bundesschluss zwischen Athenern
und Priestern stattfand. Ausserdem finden sich noch Ueberreste von schönem Pflaster (D), sowie von der ältesten
Ringmauer (F).

Wenden wir uns endlich auf die Westseite des Pion, so
treffen wir daselbst zuerst den grossen Stadthafen, welcher mit dem Kaystros in Verbindung stand. Zwischen
ihm und dem Pion erhoben sich einst eine Reihe von Ge-
bäuden, deren Ueberreste noch zu sehen sind. In der süd-
lichsten Ecke dieser Niederung, welche das Centrum des
städtischen Verkehrs bildete, war die Agora, der Markt-
platz; in nächster Nähe, in den Westabhang des Pion ein-
gebettet, das grosse prachtvolle Theater (K). Weiter
nördlich dehnte sich das stattliche Forum aus; dicht am
Hafen befand sich das grosse Gymnasium (L), welches
früher seines labyrinthartig gewölbten Unterbaues halber
oft als Artemisions-Ruinenstätte gegolten hat. Im Süden
endlich hat man Ruinen eines Tempels aufgefunden, welcher
„Tempel des Claudius" genannt wird, im Norden solche
einer Doppelkirche aus christlicher Zeit (E).

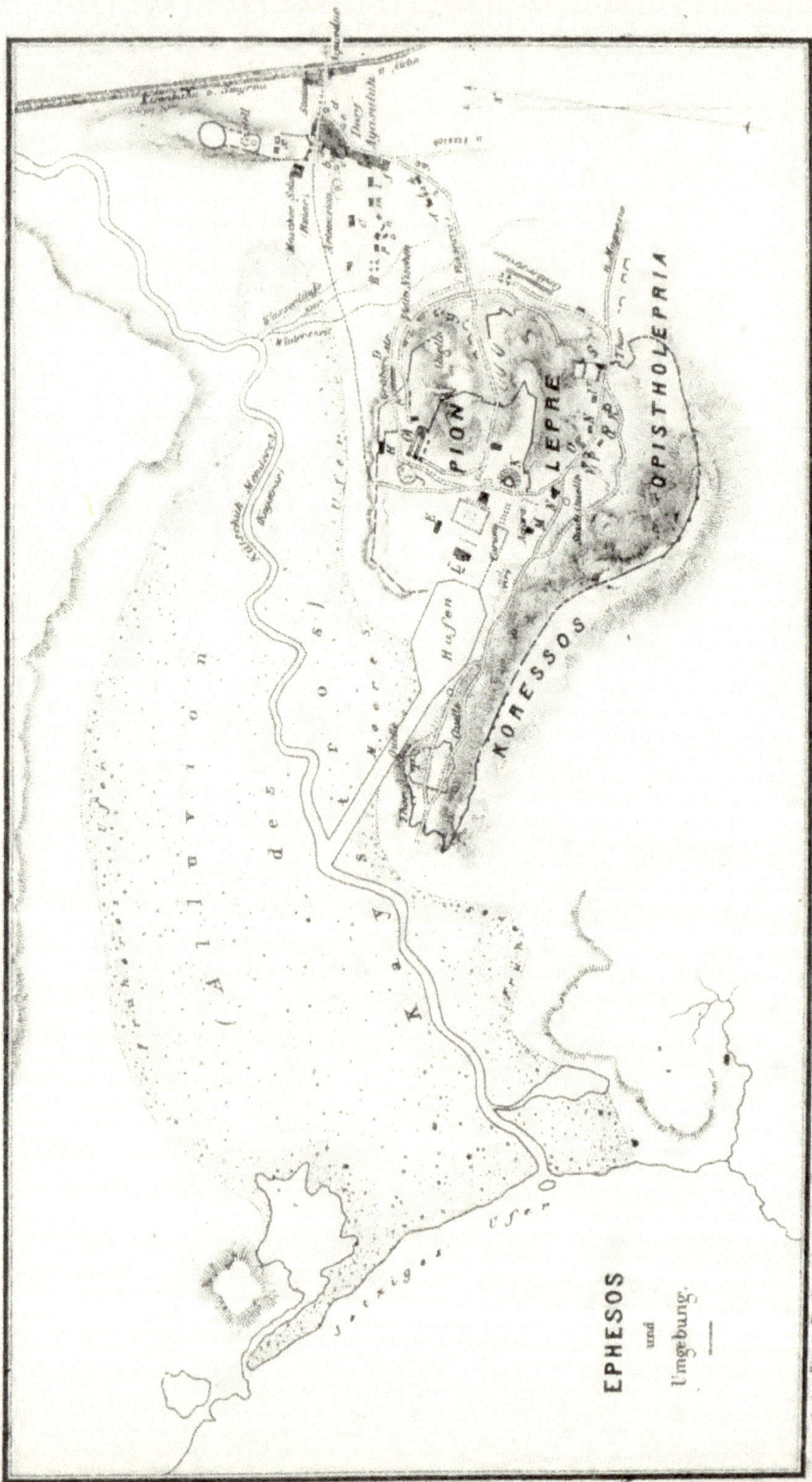

EPHESOS
und
Umgebung.

www.ingramcontent.com/pod-product-compliance
Lightning Source LLC
Chambersburg PA
CBHW030850270326
41928CB00008B/1305